LES BELLES ÉGLISES DU QUÉBEC
Montréal

André Croteau

LES BELLES ÉGLISES DU QUÉBEC

❋ ❋ ❋

MONTRÉAL

ÉDITIONS DU TRÉCARRÉ

Conception graphique et infographie : Dufour et fille Design

Révision linguistique : Diane Legros

Photographies : Richard Lavertue : *pages 4, 10, 11, 13, 15, 16, 18, 19, 20-21, 22, 23, 24, 25, 26, 28, 29, 30-31, 32, 33, 34, 35, 36, 37, 38, 39, 40, 41, 42, 43, 44, 45, 46, 48, 49, 50, 51, 52, 54, 55, 56, 58, 59, 60, 61, 62, 64, 65, 66, 67, 68, 70-71, 72, 73, 74, 76, 77, 78-79, 80, 81, 82, 83, 84, 85, 86, 87, 88, 90, 91, 92, 93, 94, 96, 97, 98, 99, 100, 102, 103, 104-105, 106, 107, 108, 109, 110, 112, 113, 114, 115, 116, 117, 118, 119, 120, 121, 122, 123, 124, 125, 126, 127, 128, 130, 131, 132, 133, 134, 135, 136, 137, 138, 139, 140, 142, 143, 144, 146, 147, 148, 149, 150, 152, 153, 154, 156, 157, 158, 160, 161, 162, 163, 164, 165, 166, 167, 168, 170, 171, 172, 173, 174, 175, 176, 177, 178, 179, 180, 182, 183, 184, 186, 187, 188, 190, 191, 192, 193, 194, 195, 196, 198, 199, 200, 202 (à gauche), 203, 204, 205, 206, 207, 208, 209, 210, 211, 212, 213, 214, 215, 216, 217.*

Séparations de couleurs : Art et photo RB inc.

Page frontispice : Chœur de l'église Saint-Zotique

Le lecteur notera que, dans cet ouvrage, les mesures sont exprimées à la fois dans le système impérial de mesure (pieds et pouces) et dans le système métrique. Les églises ayant été construites à une époque où le système métrique n'était pas encore implanté, nous avons choisi d'exprimer les mesures d'abord dans les unités où nous les avons trouvées lors de nos recherches, puis d'en donner l'équivalent dans l'autre système de mesure.

© Éditions du Trécarré 1996

Sauf pour de courtes citations dans une critique de journal ou de magazine, il est interdit, sans la permission écrite des détenteurs du copyright, de reproduire ou d'utiliser cet ouvrage, sous quelque forme que ce soit, par des moyens mécaniques, électroniques ou autres, connus présentement ou qui seraient inventés, y compris la xérographie, la photocopie ou l'enregistrement, de même que les systèmes informatiques.

ISBN 2-89249-662-4

Dépôt légal 1996
Bibliothèque nationale du Québec

Éditions du Trécarré
Saint-Laurent (Québec) Canada

IMPRIMÉ AU CANADA

REMERCIEMENTS

La réalisation de toute œuvre requiert la collaboration d'un grand nombre de personnes. En conséquence, l'auteur désire remercier toutes les personnes qui ont collaboré de près ou de loin à la réalisation de ce livre, notamment le bibliothécaire chef et toute l'équipe de la Bibliothèque nationale du Québec à Montréal qui, livre après livre, lui apportent une collaboration indéfectible.

Il remercie également Monsieur Paul Racine, historien de l'art spécialisé en patrimoine religieux; Monsieur l'abbé Claude Turmel, de Pierres vivantes; Monsieur Louis-Alain Ferron, préposé à la planification, patrimoine, à la Communauté urbaine de Montréal, Monsieur Luc Noppen, historien.

Il remercie enfin les curés et les bénévoles des églises visitées qui l'ont secondé lors des longues séances de photographie qu'a nécessitées cet ouvrage.

1 Chapelle Notre-Dame-de-Bonsecours (page 17)
2 Église Sainte-Geneviève (page 23)
3 Église Notre-Dame (page 27)
4 Église St. Patrick (page 35)
5 Église Saint-Pierre-Apôtre (page 41)
6 Saint-Enfant-Jésus du Mile End (page 47)
7 Église Saint-Joseph de Montréal (page 53)
8 Église du Gesù (page 57)
9 Cathédrale Marie-Reine-du-Monde (page 63)
10 Église de la Nativité de la Sainte-Vierge d'Hochelaga (page 69)
11 Chapelle Notre-Dame-de-Lourdes (page 75)
12 Église Sainte-Brigide (page 81)
13 Église Saint-Joachim de Pointe-Claire (page 85)
14 Église Sacré-Cœur-de-Jésus (page 89)
15 Église de l'Immaculée-Conception (page 95)
16 Église Saint-Jean-Baptiste (page 101)
17 Église Saint-Clément de Viauville (page 107)
18 Église Saint-Léon de Westmount (page 111)
19 Église du Très-Saint-Nom-de-Jésus (page 117)
20 Église Sainte-Cunégonde (page 123)
21 Église Saint-Édouard (page 129)
22 Église Saint-Paul (page 133)
23 Église Saint-Stanislas-de-Kostka (page 137)
24 Église Saint-Viateur d'Outremont (page 141)
25 Église Notre-Dame-des-Sept-Douleurs (page 145)
26 Église Saint-Irénée (page 151)
27 Église Saint-Eusèbe-de-Verceil (page 155)
28 Église St. Michael the Archangel (page 159)
29 Église Saint-Pierre-Claver (page 165)
30 Église Saint-Charles-Borromée (page 169)
31 Église Saints-Anges-Gardiens de Lachine (page 173)
32 Église Saint-François-Solano (page 177)
33 Église Sainte-Cécile (page 181)
34 Église Saint-Vincent-de-Paul (page 185)
35 Église Ascension of our Lord (page 189)
36 Église du Très-Saint-Rédempteur (page 193)
37 Église Saint-Alphonse-d'Youville (page 197)
38 Église St. Andrew and St. Paul (page 201)
39 Église Notre-Dame-de-la-Défense (page 207)
40 Oratoire Saint-Joseph de Montréal (page 213)

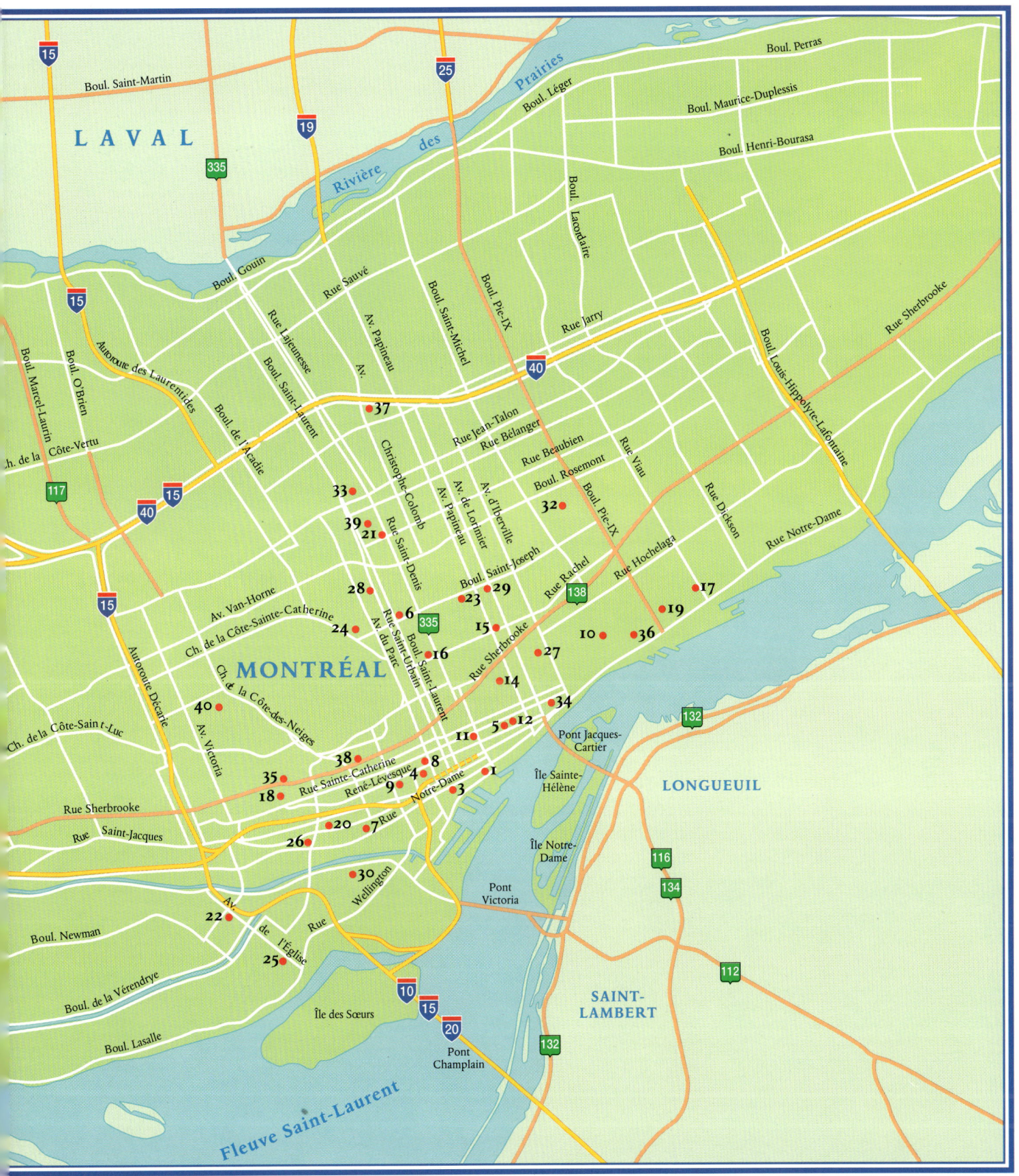

AVANT-PROPOS
L'époque des belles églises

Radio, télévision, ordinateurs, laser, satellites, voyages dans l'espace, Internet. Utilisation du béton, du plastique, des matériaux composites : autant d'inventions et d'innovations de ce siècle.

Nous avons parfois l'impression, parce que nous vivons à l'ère des miracles technologiques, que rien n'existait avant le siècle présent si ce n'est des pierres et du bois façonnés manuellement.

Or, la visite des belles églises du Québec nous donne une grande leçon d'humilité. Nos églises, même les plus anciennes, constituent la preuve que nos ancêtres avaient non seulement une connaissance approfondie des matériaux de leur temps, mais aussi de l'architecture et qu'ils savaient respecter les canons de l'esthétique.

Ce qui ne les empêchait pas d'exprimer leur désir de vivre et leur volonté d'affirmation d'une façon que l'on trouverait aujourd'hui excessive. Des facteurs historiques expliquent cette attitude.

L'ère des belles églises commence en 1866, soit pratiquement un siècle après la Conquête. Le peuple québécois voyant ses liens économiques et culturels avec la mère patrie coupés, s'est replié sur lui-même pour livrer la bataille des nombres : ce qu'on appellera la revanche des berceaux. Sa population explose : des 3 000 âmes que comptait Montréal au moment de la capitulation de Québec en 1760, la population atteint 80 000 citoyens un siècle plus tard. Et, au moment où se produit la révolution industrielle, celle-ci s'engouffre dans les usines.

Clocher de l'église Sainte-Brigide.

Page précédente :
Nef de l'église Saint-Vincent-Ferrier

La nouvelle aisance économique permet toutes les extravagances : la construction d'églises rutilantes et démesurées sera la première réalisation d'un peuple écrasé qui relève la tête. Sur le plan politique, nous vivons encore la suite.

L'historien d'art Alan Gowans explique bien le phénomène : « L'architecture, dit-il, c'est la politique en trois dimensions. Le genre de bâtiments que les gens font construire est plus qu'un simple reflet des idées politiques et sociales de leur époque ou des conditions économiques. En effet, il contribue dans une large mesure à façonner ces idées politiques et sociales. C'est avec l'architecture que les classes dirigeantes expriment avec le plus de force leurs convictions et leurs aspirations. »

Le Québec compte aujourd'hui 1 700 églises catholiques. C'est dire que le choix parmi celles-ci n'a pas été facile. Notre sélection a été effectuée à partir de critères strictement subjectifs et émotifs, à la façon des bâtisseurs de ces églises.

Le premier volume de l'ouvrage *LES BELLES ÉGLISES DU QUÉBEC* porte sur les églises de l'île de Montréal. Le second présente les églises de Québec et un certain nombre de celles de la vallée du Saint-Laurent.

Il faut scruter l'histoire pour comprendre dans quel esprit les grandes églises de Montréal ont été réalisées. Or, le chemin de l'histoire suit la trace des Messieurs de Saint-Sulpice auxquels Paul de Chomedey de Maisonneuve, fondateur de Ville-Marie, avait confié le soin des âmes des habitants de la nouvelle colonie. Alors qu'après la Conquête, l'Anglais interdisait aux jésuites de recruter des nouveaux membres au Canada, il confirmait les sulpiciens dans leurs droits seigneuriaux. Cet ordre religieux a donc détenu le pouvoir spirituel et politique à Montréal pendant deux siècles.

ANDRÉ CROTEAU

INTRODUCTION

ÉCOUVERTE et colonisation du Canada se firent selon un très long processus. Ainsi, il s'écoula 42 ans entre la découverte des Antilles par Christophe Colomb et celle du Canada par Jacques Cartier. Nous effectuons aujourd'hui en moins de trois heures d'avion le trajet qui sépare les lieux où les deux explorateurs ont jadis posé le pied.

Après la remontée historique du Saint-Laurent par Cartier en 1535, il faut compter trois quarts de siècle avant qu'on établisse un poste de traite des fourrures à Québec et plus d'un siècle avant qu'on construise la première habitation à Montréal.

À cette époque, le peuple de France vit sous un régime monarchique, la nouvelle colonie est donc divisée en seigneuries. L'ordre des sulpiciens, dont les actifs en France sont importants, saisit l'occasion quand elle se présente d'acheter la seigneurie de l'île de Montréal. À ce droit de propriété, s'ajoutent des garanties de la part du Saint-Siège à l'effet que cette communauté détiendra des droits exclusifs quant à l'administration du service aux âmes. En retour de ces privilèges, les sulpiciens érigent le premier séminaire et se vouent à la formation des prêtres.

Entre la fondation de Montréal par de Maisonneuve en 1642 et la construction de la première grande église de l'île, il s'écoule presque deux siècles. Entre temps, les services religieux sont offerts à partir d'humbles chapelles. Le plus célèbre de ces lieux de dévotion existe encore : c'est la chapelle Notre-Dame-de-Bonsecours, érigée en 1771. Mais l'érection d'une chapelle n'implique pas qu'il y ait formation d'une paroisse; jusqu'en

Église Saint-Jean-de-la-Croix.

1866, l'île de Montréal ne compte qu'une seule paroisse : Notre-Dame.

En 1824, les sulpiciens procèdent à la construction de la première grande église de Montréal, l'église Notre-Dame, sur la rue du même nom, au cœur du Montréal du temps, ce que nous appelons aujourd'hui le Vieux-Montréal. C'est une église immense, énorme, gigantesque, belle et luxueuse. L'église Notre-Dame est l'aune qui servira de mesure à la construction de toutes les églises subséquentes.

Mais les sulpiciens, malgré tout leur dévouement, ont des idées bien arrêtées. Pendant 200 ans, jusqu'en 1866, ils s'opposent avec la dernière énergie au démembrement (mot barbare qui a été consacré par l'usage) de leur paroisse qui compte alors 80 000 catholiques.

Québec ayant été fondée bien avant Montréal, le diocèse de Québec couvre à l'origine toute la partie connue du Canada, des Maritimes aux Grands Lacs. Quand Montréal s'agrandit, l'évêque de Québec se fait représenter à Montréal par un évêque auxiliaire : monseigneur Jean-Jacques Lartigue, premier évêque de Montréal. Mais ce dernier n'a aucun pouvoir.

Monseigneur Lartigue appartient par sa mère aux trois familles les plus distinguées de l'époque : les Cherrier, les Viger et les Papineau.

Né à Montréal, il reçoit sa formation au séminaire des sulpiciens et ces derniers comptent sur son allégeance. Or, monseigneur Lartigue, homme de caractère, n'accorde celle-ci qu'à l'évêque de Québec et au pape. Il entreprend même de faire casser le monopole dont jouissent les sulpiciens sur Montréal. Cette tâche, à laquelle il consacre toute la période de son ministère, ne connaît pas de succès de son vivant : c'est son successeur, monseigneur Ignace Bourget, qui réussira à l'accomplir. Malgré les appels des Messieurs de Saint-Sulpice au pape Pie IX, ce dernier donne raison à son évêque en 1866.

La brèche est ouverte : l'île de Montréal pouvait enfin être divisée en paroisses. Pendant un demi-siècle, des églises démesurées surgirent de partout et rivalisèrent entre elles de

dorures, de peintures, de sculptures, de vitraux et d'orgues. Il faudra l'avènement de la Première Guerre mondiale pour calmer la fièvre de la construction des grandes églises.

Ci-dessus :
Nef de l'église Sacré-Cœur-de-Jésus.

CHAPELLE NOTRE-DAME-DE-BONSECOURS

A L'ÉPOQUE, toute communication de longue distance est effectuée par embarcation. Mais qui dit barque dit naufrage, et si Montréal se trouve où elle est, c'est que les bateaux du temps ne peuvent pas remonter plus haut. Le Saint-Laurent, sur lequel on navigue aisément jusqu'à Montréal, se fâche soudain à la hauteur de Lachine et se déchaîne en rapides dangereux.

Obstacle bien mal venu puisque c'est en amont, dans la région des Grands Lacs, qu'on trouve la ressource la plus précieuse du temps, les fourrures. Alors, on se résigne à affronter les rapides de Lachine en canots d'écorce, non sans avoir au préalable imploré l'aide de la Vierge Marie.

Mère Marguerite Bourgeoys propose aux voyageurs d'exprimer leur dévotion à la Vierge en érigeant au pied même des rapides les plus dangereux du grand fleuve la plus importante chapelle de l'île de Montréal, la chapelle Notre-Dame-de-Bonsecours. Son premier curé est l'abbé Gabriel Souart, supérieur des Messieurs de Saint-Sulpice, débarqué à Montréal le 12 août 1657.

Le bâtiment que nous connaissons aujourd'hui n'est pas la chapelle originale. La construction originale, érigée dès 1657, est la première église de pierre de Montréal, ce qui ne l'a pas empêchée d'être la proie des flammes en 1754. Elle n'est reconstruite que 17 ans plus tard, le travail ayant été retardé par la guerre contre l'Angleterre et la Conquête.

Devant le style Renaissance de la nouvelle construction, le poète Louis Fréchette s'enthousiasme et déclare au journal

CHAPELLE
NOTRE-DAME-DE-BONSECOURS
400, rue Saint-Paul Est, Montréal

Ci-dessus :
Les deux autels latéraux.

Ci-dessus, à gauche :
L'autel dédié à saint Joseph contient le gisant de sainte Marguerite Bourgeois.

Page suivante, en haut :
Maquette représentant la première école de Marguerite Bourgeois.

Page suivante, en bas :
Salle d'exposition du Musée Marguerite Bourgeois, au sous-sol de la chapelle.

Pages 20-21 :
Vue d'ensemble du chœur et du retable.

La Minerve : « Tout autre style eut été, suivant moi, un anachronisme et une hérésie! »

Il faut reconnaître que cette église de petite taille, elle ne fait que 1078 m² (11 599 pi²), a fière allure. Cela est dû en bonne partie aux arches dégagées de sa voûte et à son magnifique clocher dont la flèche s'élance dans le ciel. Trois tableaux se trouvent à l'abside. Dans le centre, une Assomption de la Vierge Marie, toile de grandes dimensions peinte à Paris en 1896, par Joseph Saint-Charles. Sur les côtés, deux toiles plus petites, une pietà et un couronnement de la Vierge, peintes par Ozias Leduc. Le peintre-décorateur Édouard Meloche a signé les murales de la voûte. Quant au décor actuel, il est d'un éclectisme total, le maître-autel présentant à lui seul une somme infinie de fioritures.

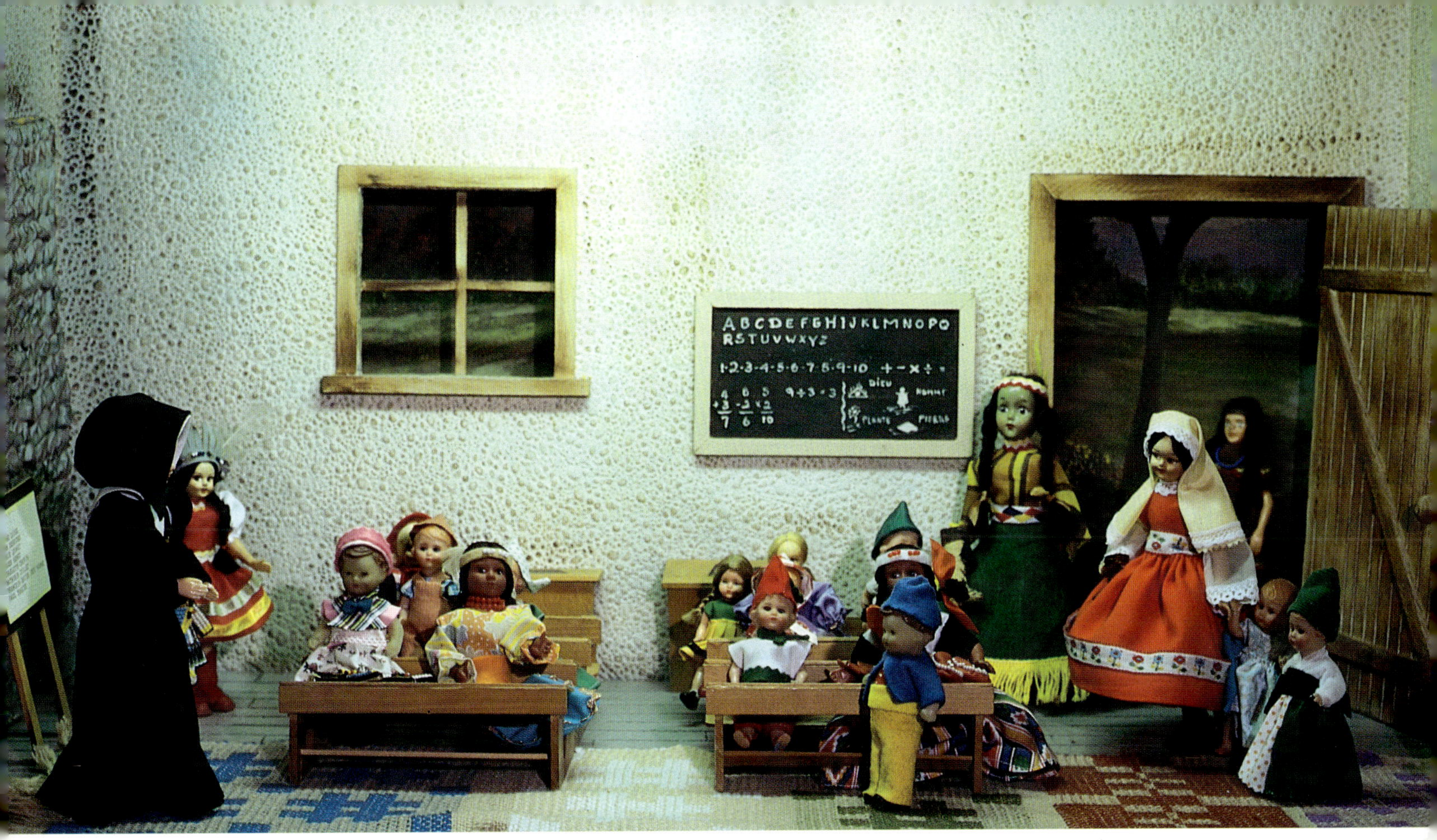
ABCDEFGHIJKLMNOPQ
RSTUVWXYZ
1·2·3·4·5·6·7·8·9·10 + - × ÷
9÷3=3
DIEU
PLANTE

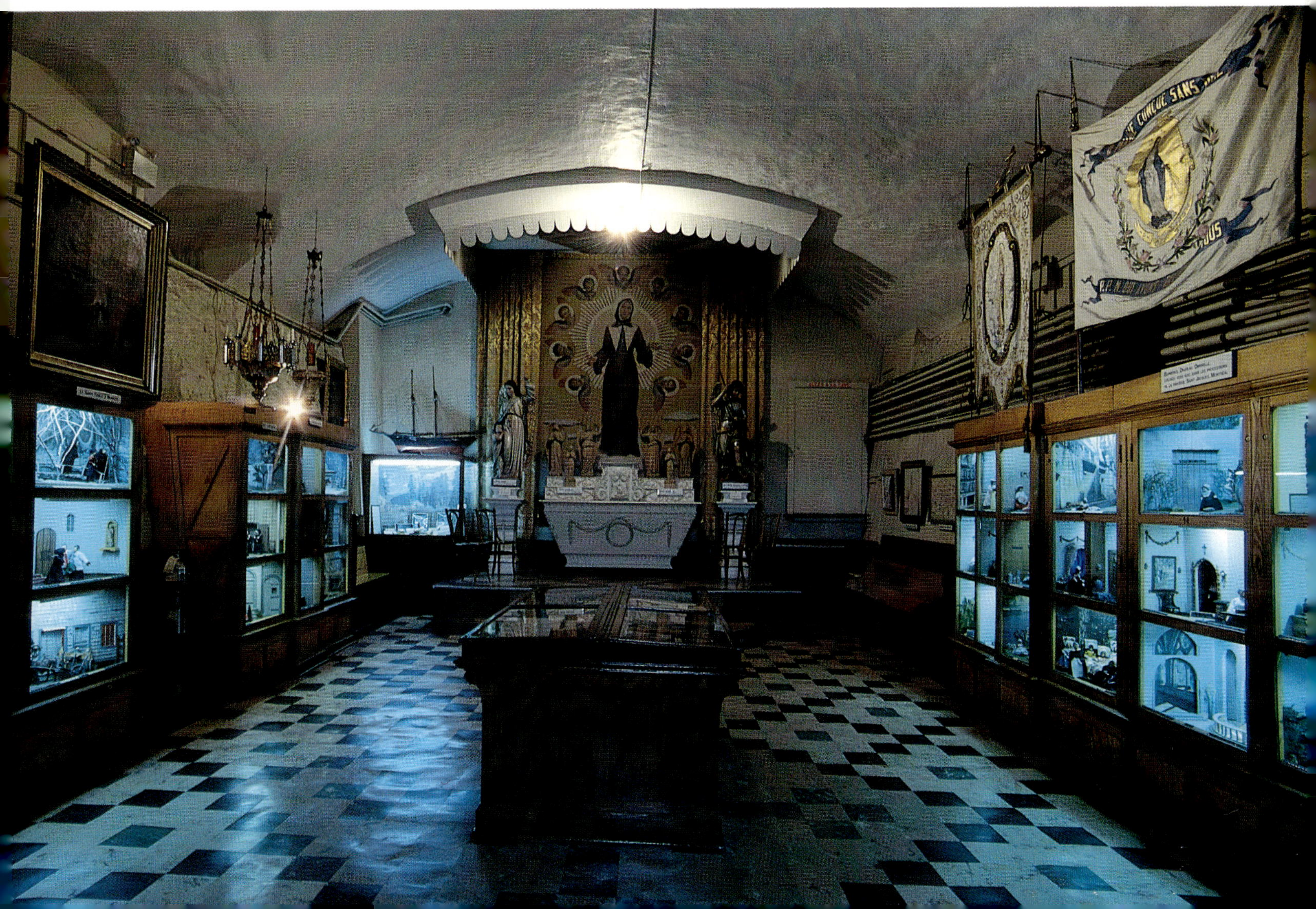

ÉGLISE SAINTE-GENEVIÈVE

La lutte opposant les Messieurs de Saint-Sulpice à l'évêque de Montréal a atteint un niveau de tension assez élevé quand cette riche communauté décide d'avancer deux pions sur l'échiquier en faisant une fois de plus étalage de ses moyens financiers.

Forts de l'argent accumulé en vendant diverses parties de leur seigneurie, les sulpiciens encouragent en sous-main les catholiques irlandais à bâtir une église plus grande que celle commandée par leurs besoins, l'église Saint-Patrick, et réussissent un second coup d'éclat en 1843, à l'extrémité ouest de leur fief, en érigeant l'église Sainte-Geneviève sur l'emplacement d'une église construite au siècle précédent.

C'est à l'architecte de talent Thomas Baillairgé, celui-là même à qui on avait refusé les plans pour l'église Notre-Dame, qu'ils commandèrent ce temple de 1 580 m² (17 000 pi²). Baillairgé, qui a réalisé plusieurs églises ailleurs au Québec, n'a construit en entier que celle-ci sur l'île de Montréal. Ce qui a fait défaut à Sainte-Geneviève en surface, elle le reprend dans la richesse de sa décoration.

L'église Sainte-Geneviève fut probablement bâtie selon les plans proposés pour Notre-Dame. C'est une église de style néoclassique avec une façade flanquée de deux tours, selon le style propre à Baillairgé et que l'on retrouve souvent dans la vallée du Saint-Laurent, là où il a surtout œuvré. À l'origine, l'église Sainte-Geneviève est surmontée de clochers très hauts, très fins et

ÉGLISE SAINTE-GENEVIÈVE
16 037, boulevard Gouin Ouest
Sainte-Geneviève

Ci-dessus :
Le tableau patronymique, d'Ozias Leduc.

Page suivante, en haut :
La tribune des orgues.

Page suivante, en bas :
Vue des bas-côtés.

très élégants. Malheureusement, les clochers originaux sont remplacés en 1909 par des clochers moins remarquables.

La voûte de l'église Sainte-Geneviève, toute en bois, est très abondamment décorée par Félix Barbeau et Ambroise Fournier. L'architecte s'est fortement inspiré dans son œuvre de l'église St. Martin's in the Field, de Londres, construite en 1726 par l'architecte James Gibbs.

La cloche, fondue en 1785, provient de l'église antérieure. Le chemin de la croix en fonte recouverte de bronze, qui se trouve à l'extérieur, est réalisé par l'Union artistique de Vaucouleurs en France. Dans le chœur, trônent trois grands tableaux d'Ozias Leduc représentant la vie de sainte Geneviève.

L'autel principal n'est pas réalisé par Baillairgé. Cependant, Ambroise Fournier, le menuisier de Vaudreuil qui l'a construit, s'est inspiré du maître.

ÉGLISE SAINTE-GENEVIÈVE

ÉGLISE NOTRE-DAME

Quand, un demi-siècle après sa construction, la chapelle Notre-Dame-de-Bonsecours a besoin de rénovations, ses propriétaires, les Messieurs de Saint-Sulpice, ne se montrent pas très empressés d'accorder les fonds nécessaires. La population de Montréal atteint alors 30 000 âmes, et ils économisent en vue de la construction d'une nouvelle église dont ils fignolent les plans depuis un certain temps. Ils ne se pressent d'ailleurs pas pour dévoiler ces plans qui, à l'époque, auraient pu être perçus comme un signe de délire, de folie des grandeurs.

Les riches sulpiciens, dont le monopole est fortement contesté par monseigneur Jean-Jacques Lartigue, premier évêque de Montréal, espèrent consolider leur position de tête en érigeant un temple d'une splendeur inégalée dans tout le Nouveau Continent. Sur papier s'étalent les mesures d'une église de 5 076 m² (54 618 pi²) qui pourra accueillir 7 000 fidèles!

Autre motif de discrétion, l'architecte choisi pour construire la plus grande église catholique en Amérique est un Irlandais protestant : James O'Donnell. Les plans du constructeur québécois Thomas Baillairgé, pressenti en premier lieu, ont été rejetés parce que celui-ci ne maîtrise pas le style gothique.

Mais les obstacles politiques et économiques contournés, la construction de l'église Notre-Dame débute en 1823. Le travail se poursuit pendant cinq ans sous la direction de l'entrepreneur John Redpath, brillant constructeur qui a fait ses preuves en érigeant le pont Victoria. John Redpath se recyclera plus tard avec le même succès dans la production du sucre.

ÉGLISE NOTRE-DAME
116, rue Notre-Dame Ouest, Montréal

Ci-dessus :
Notre-Dame est dotée de deux galeries.

Page suivante, en haut à gauche :
Le couronnement de la Vierge : rondes-bosses au sommet du maître-autel.

Page suivante, en haut à droite :
La Crucifixion, rondes-bosses de Henri Bouriché.

Page suivante, en bas :
Les prophètes Ézéchiel et Jérémie, de Louis-Philippe Hébert, au pied de la chaire.

L'architecte O'Donnell est un homme d'expérience : on lui doit la Christ Church à New York et la First Presbyterian Church à Rochester. Mais le nouveau défi est de taille, au propre comme au figuré. Les tours de l'église Notre-Dame, à 2 pi (0,6 m) près aussi hautes que celles de Notre-Dame de Paris, font 217 pi (66,1 m) de hauteur, sa nef mesure 255 pi (77,7 m) de longueur et les étoiles de sa voûte scintillent à 80 pi (24,4 m) au-dessus de la foule. Lors de sa construction, cette église est le plus grand temple religieux en Amérique, toutes religions confondues.

Encore aujourd'hui, le visiteur est impressionné par la taille immense et la beauté écrasante de la basilique Notre-Dame. Ce temple est de style néo-gothique et sa voûte suspendue bleue à croix d'or, qui rappelle un écrin à bijoux, fut inspirée par la Sainte-Chapelle de Paris. Neuf chapelles sont placées sur les bas-côtés, toutes ornées de tableaux immenses.

La construction originale est très sombre. L'intervention, en 1872, de l'architecte québécois Victor Bourgeau rectifiera cet état de choses. Bourgeau perce trois rosaces dans la voûte et dans le toit afin d'éclairer plus adéquatement la grande nef. Ensuite, Bourgeau dessine le maître-autel dont le Français Henri Bouriché exécutera les statues et les reliefs.

L'acoustique parfaite de la basilique Notre-Dame offre la possibilité de s'adresser sans micro ni porte-voix à des milliers de fidèles, et ce en raison de la position et de la hauteur de la chaire, dessinée par Bouriché mais sculptée par Louis-Philippe Hébert.

Véritable musée d'art, l'église Notre-Dame est décorée d'un nombre impressionnant de tableaux. Ils sont réalisés soit par Ozias Leduc, soit par le peintre romain Minocheri, soit par l'artiste montréalais mais d'origine italienne Luigi Cappello. De plus, un tableau représentant la Vierge et l'Enfant est attribué à

Ci-dessus :
L'orgue.

Page suivante, en haut à gauche :
Vitraux, par la maison Mauméjean, de Paris.

Page suivante, en haut à droite :
L'autel dédié à sainte Marguerite d'Youville, par Philippe Liébert.

Page suivante, en bas à gauche :
Notre-Dame-du-Canada.

Page suivante, en bas à droite :
Une station du chemin de la croix, d'auteur inconnu.

Fra Angelico. Ces tableaux sont mis en valeur par la lumière émanant d'une impressionnante suite de vitraux réalisés par la maison Chigot, de Limoges.

Le premier orgue de la basilique Notre-Dame est venu d'Angleterre et comporte 23 jeux. Cet orgue a été vendu à l'église Saint-Jacques, rue Saint-Denis, en 1858, et remplacé par un orgue Warren à trois claviers et 38 jeux qui sera également remplacé par un orgue Casavant gigantesque comportant quatre claviers, 84 jeux et 5 572 tuyaux. C'était, lors de son installation, l'orgue le plus puissant sur ce continent. Pourtant, sa voix est surpassée par celle du gros bourdon, une cloche de bronze de 25 000 livres qui rugit dans la tour ouest, appelée Tour de la Persévérance parce qu'on y accède par un escalier de 279 marches.

L'église Notre-Dame fut élevée au rang de basilique mineure par un bref apostolique de Jean-Paul II, le 21 avril 1982. Elle n'est cependant pas classée monument historique, ses propriétaires ne souhaitant pas que l'État s'immisce dans leurs affaires privées.

ÉGLISE ST. PATRICK

ors de la construction de l'église Notre-Dame, l'architecte québécois Thomas Baillairgé avoue ne pas connaître le style gothique; après s'être vu refuser son plan de remplacement, il prédit alors que le style néo-gothique ferait bien des victimes chez les constructeurs-artisans comme lui.

Il a vu juste : quand vient le moment pour les catholiques anglophones de se construire une église, ils ne veulent pas se laisser damer le pion par les francophones. Ils sont obsédés par l'image de l'église Notre-Dame et veulent à tout prix faire mieux.

Entre temps, les Anglais protestants se lancent eux aussi dans la construction d'églises : 1831 et 1832 voient consécutivement la construction de l'église épiscopale St. Stephen et l'église presbytérienne St. Andrew, toutes deux à Lachine.

Ainsi aiguillonnés, les 6 500 catholiques d'origine irlandaise, les plus nombreux immigrants de langue anglaise au Québec, se lancent dans l'audacieux projet de construire une église plus grande encore que Notre-Dame. En cela, ils sont appuyés par nul autre que le supérieur des sulpiciens qui est intervenu au moment de l'élaboration des plans pour les faire agrandir et apporter son aide financière. Dans son esprit, deux grandes églises valent mieux qu'une sur l'échiquier politique qui l'oppose à l'évêque de Montréal. Les travaux débutent donc en 1843 et se poursuivent pendant quatre ans.

Il va sans dire, le style gothique s'impose, mais il est teinté d'inspiration romane. Forts des faiblesses de Notre-Dame, qui est sombre (Bourgeau n'a pas encore corrigé la situation), l'architecte

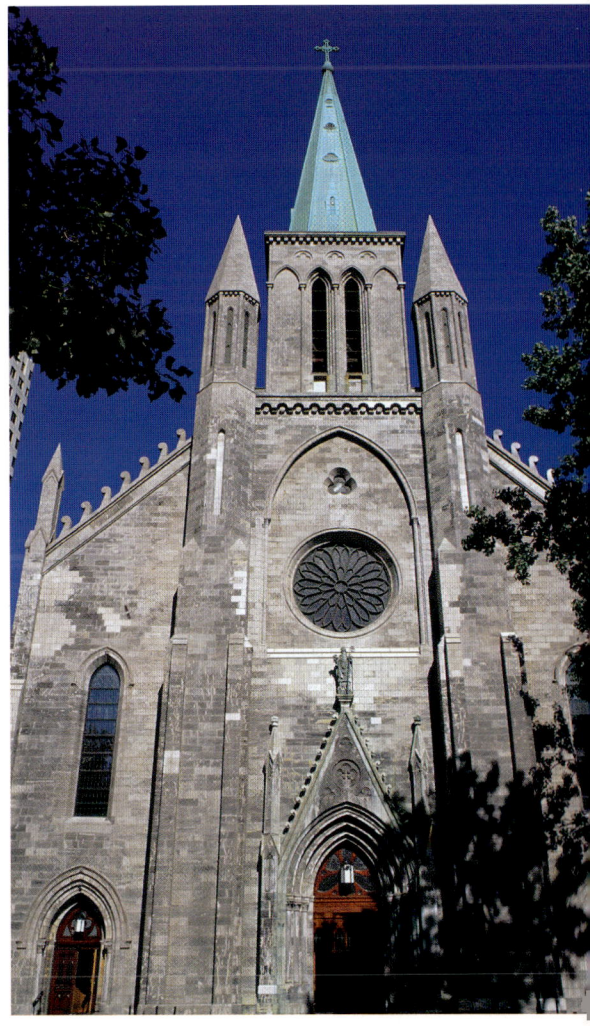

ÉGLISE ST. PATRICK
460, boulevard René-Lévesque Ouest
Montréal

français Pierre-Louis Morin et son assistant, le jésuite Félix Martin – qui a fondé et bâti le collège Sainte-Marie situé à deux pas – dessinent une église de 8 000 m² (86 080 pi²), presbytère inclus, qu'on érige sur ce qui est aujourd'hui le boulevard René-Lévesque.

L'église St. Patrick est bâtie en pierre avec une toiture d'ardoises. Elle est remarquable à l'extérieur pour sa simplicité, pour l'emploi logique des matériaux et pour son adaptation aux contraintes de notre climat.

L'intérieur se caractérise par une voûte très élevée, 2 m (6,6 pi) de plus que Notre-Dame, dégagée, vaste et élégante. Comme les murailles, elle est décorée de divers emblèmes du culte catholique dont les armes du pape, celles de l'archevêque de Montréal et la croix celtique de la vieille Irlande.

Ci-dessus :
Les autels latéraux dédiés à la Vierge Marie et à saint Joseph.

Page précédente :
Vue de l'arrière de l'église.

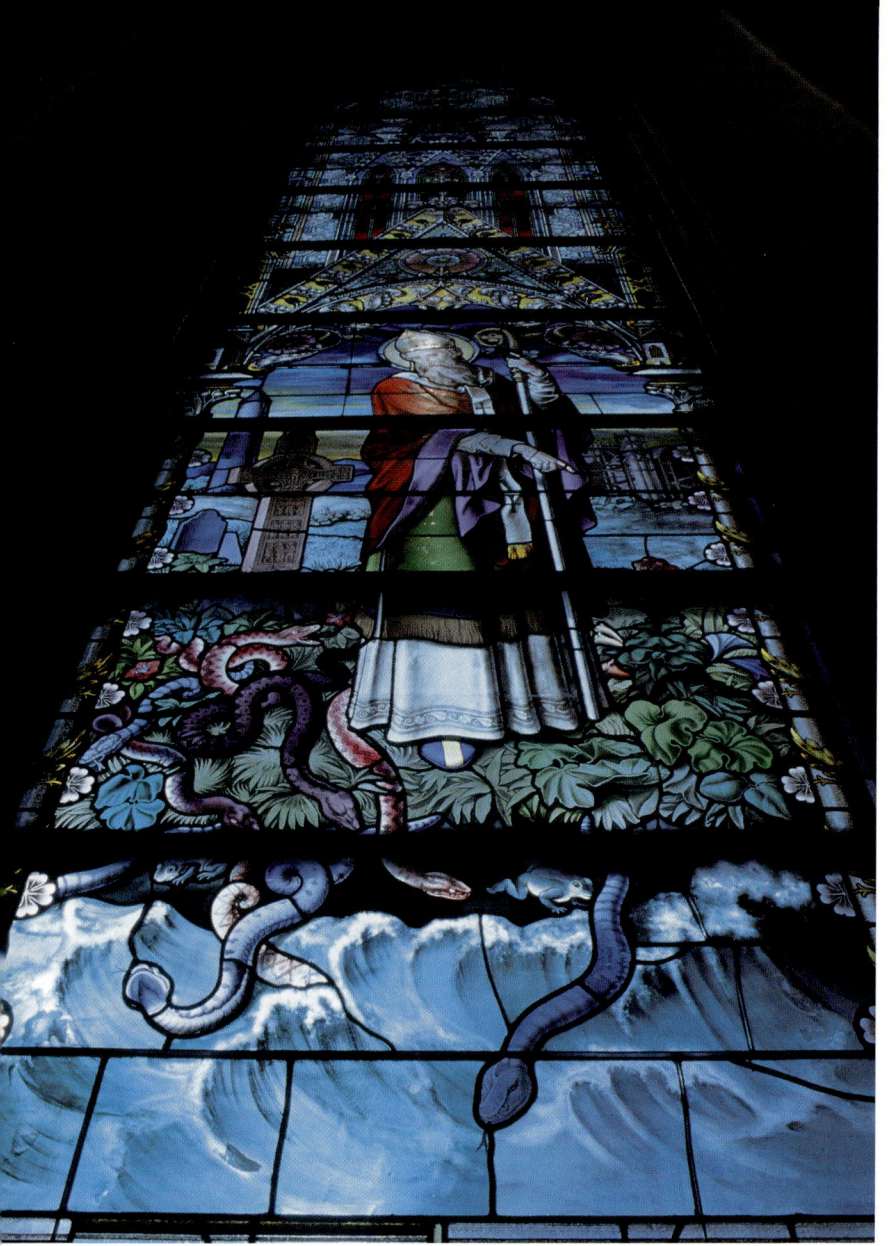

Les colonnes sont des pins blancs entiers de 80 pi (24,4 m) de hauteur recouverts de marbre. Des voûtes en ogive s'élèvent partout dans l'église. Les arcades latérales sont composées d'arcs brisés disséminés partout.

L'aspect le plus frappant de cette église est la richesse de son mobilier : le maître-autel et les autels latéraux sont presque exclusivement constitués de chêne sculpté et dotés d'une décoration élaborée.

Les stations du chemin de la croix sont des peintures à l'huile de Patriglia, célèbre artiste de Rome. L'église doit son apport lumineux considérable aux huit verrières représentant saint Patrick, sainte Brigide, la Sainte Vierge, sainte Anne et les quatre

évangélistes. Dans le haut de la boiserie circulaire, quelque 150 tableaux illustrent les litanies des saints.

L'architecte Victor Bourgeau, dont le nom reviendra sans cesse dans l'histoire des plus belles églises, a fait son apprentissage à l'église Notre-Dame. Il réapparaît en 1848 au moment de dessiner et construire la chaire, un monument splendide. Il exécutera ensuite la finition intérieure, la décoration et la fabrication du jubé.

L'église basilique St. Patrick fut classée monument historique le 4 avril 1985. Elle a subi des rénovations en 1995 et ces travaux ont valu des honneurs à leurs concepteurs.

Ci-dessus, à gauche :
Détail du retable du maître-autel.

Ci-dessus, à droite :
Crucifix du maître-autel.

Page précédente, en haut à gauche :
Le vitrail de St. Patrick.

Page précédente, en haut à droite :
Détail du retable du maître-autel.

Page précédente, en bas :
Détail des bancs de la nef.

ÉGLISE SAINT-PIERRE-APÔTRE

ous l'avons vu, Montréal est, depuis que son fondateur de Maisonneuve a fait appel à eux, le fief des sulpiciens tant sur le plan religieux que sur le plan civil : ils sont propriétaires fonciers de l'île. Ils président à la construction de Notre-Dame-de-Bonsecours, dessinent et érigent l'église Notre-Dame, supportent financièrement la construction de l'église catholique anglaise Saint-Patrick. Si ces deux derniers temples sont aussi grands, leur supérieur intervient sur les plans de Saint-Patrick pour en agrandir les dimensions, c'est que ces religieux désirent conserver le monopole du service aux âmes.

Parce que Montréal a été érigée après Québec, le premier évêque de Montréal, qui est monseigneur Jean-Jacques Lartigue, se trouve au début sous l'autorité de l'évêque de Québec, monseigneur Plessis. Monseigneur Ignace Bourget lui succède. Ce dernier, comme son prédécesseur, tente de mettre fin à l'hégémonie de la communauté des sulpiciens sur la ville : en plus de leurs droits de propriété, ces derniers détiennent des droits acquis garantis par des décrets pontificaux de Rome et confirmés par le pouvoir anglais.

Monseigneur Bourget avance une pièce sur l'échiquier qui l'oppose aux sulpiciens en invitant les pères oblats de l'Immaculée Conception de Marie à venir établir un centre missionnaire doté d'une église à l'est du centre-ville. Aucune paroisse n'est reliée à cette église mais les citoyens y affluent, au grand dam des sulpiciens. Ces derniers font savoir à leurs paroissiens que les rites

ÉGLISE SAINT-PIERRE-APÔTRE
1201, rue de la Visitation, Montréal

Ci-dessus, à gauche :
Détail des voûtes du bas-côté.

Ci-dessus, à droite
La chaire, dessinée par Victor Bourgeau.

---

1 Les férus d'histoire liront avec intérêt le livre de Gilles Chaussé, s.j., *Jean-Jacques Lartigue, premier évêque de Montréal*, Fides, 1980.

religieux ne pouvaient être pratiqués de façon vraiment adéquate qu'à Notre-Dame ![1]

Les oblats, trop heureux de se tailler une place, se montrent à la hauteur du défi qu'on leur pose. Les écrits du temps dépeignent l'église qu'ils érigent comme « le joyau du Canada français », ce qui en dit long sur l'esprit qui préside à sa construction. Nous sommes en 1851, un siècle après la défaite des plaines d'Abraham. Les conquis relèvent la tête et, à défaut de lancer leurs flèches contre le conquérant trop puissant, les lancent dans le ciel : le clocher de l'église Saint-Pierre-Apôtre s'élève à 235 pi (71,6 m), dépassant de 18 pi (5,5 m) les tours de Notre-Dame. Il abrite d'ailleurs 13 cloches, deux de plus que Notre-Dame. Au Québec, l'expression « guerre de clochers » a plus d'un sens !

L'architecte Victor Bourgeau, qui s'est signalé dans les constructions précédentes, atteint maintenant le sommet de son

art. S'inspirant directement de l'église Holy Trinity de Brooklyn, il réalise tout dans l'église Saint-Pierre-Apôtre : le plan général, le maître-autel, l'autel de la Sainte Vierge, les balustres, la tour et la flèche.

Pour la première fois, on utilise la pierre pour tout, y compris les colonnes. Bourgeau lie avec audace les matériaux solides; il réussit à voûter les nefs latérales et à appuyer le tout sur des piliers de calcaire, fait inusité au Canada, même de nos jours. Cette église sera son chef-d'œuvre et ses principaux éléments seront copiés partout au Québec.

L'architecture néo-gothique de l'église Saint-Pierre-Apôtre est puissante, équilibrée, sensible et empreinte d'une grande noblesse. Un rapport du ministère des Affaires culturelles affirme qu'elle est un monument bien plus important sur le plan artistique que Notre-Dame. La rigueur et l'identification précise

Ci-dessus, à gauche :
Détail des piliers en pierre de la nef.

Ci-dessus, à droite :
Les arcades et la galerie de la nef centrale.

Page 44, en haut à gauche :
Détail de la statue de la Vierge à l'autel latéral gauche.

Page 44, en haut à droite :
L'autel de droite dédié au Sacré-Cœur de Jésus.

Page 44, en bas :
Vitrail de la nef.

Page 45, en haut :
L'autel de la Vierge et l'autel du Sacré-Cœur.

Page 45, en bas :
Vue d'ensemble de la nef.

des volumes témoignent d'une utilisation rationnelle des proportions classiques.

Tout le corps principal de l'église, ce que l'on appelle le vaisseau, débouchant à l'est sur un chevet à cinq pans réguliers, s'orne de contreforts sur lesquels butent au-dessus des bas-côtés des arcs légers, davantage décoratifs que fonctionnels. Les fenêtres, ornées de vitraux, allègent et rythment à la fois la structure d'ensemble.

Le chœur est un espace harmonieux, largement éclairé par cinq verrières dont les arcs brisés sont repris tout au long de la nef et dans les bas-côtés. Le balcon encadrant la nef est une des plus remarquables menuiseries de Bourgeau.

La chaire, avantageusement sculptée, s'élève hardiment et les cinq superbes autels originaux en escaïolle, du plâtre mêlé de chaux, sont agrémentés depuis 1931 de deux autels supplémentaires en marbre rose, dédiés respectivement à Sainte-Thérèse-de-l'Enfant-Jésus et aux Saints Martyrs Canadiens. Ces deux derniers autels ont été dessinés par Guido Nincheri, un artiste italien de Florence dont on entendra beaucoup parler.

ÉGLISE SAINT-ENFANT-JÉSUS DU MILE END

RÈS d'un siècle s'est écoulé depuis la Conquête. Les Canadiens français ont appris à s'autosuffire et s'affirment de plus en plus. Après s'être étendue le long du Saint-Laurent, la banlieue de Montréal contourne maintenant le mont Royal et se développe vers le nord. On cultive encore les champs, mais on exploite de plus en plus les carrières de pierre du côteau Saint-Louis, au pied de la montagne. Pierre dont la ville en plein essor a grand besoin. Les carrières embauchent maintenant un grand nombre d'ouvriers qui, assurés de revenus stables, s'établissent à proximité et forment une agglomération appelée Saint-Louis du Mile End.

On construit en 1857 l'église Saint-Enfant-Jésus du Mile End, une grande église de 5 000 m² (53 800 pi²). Cette église à la façade au style éclectique qui ressemble aujourd'hui à un gigantesque gâteau de noce, était beaucoup plus simple à l'origine.

Toujours aux prises avec ses confrères sulpiciens qui ne veulent pas abandonner leur monopole, monseigneur Ignace Bourget est obligé de faire de cette église une « succursale » de l'église Notre-Dame. Il obtient cependant qu'on la confie aux clercs de Saint-Viateur, des prêtres enseignants. Il marque ainsi un point sur l'échiquier politique.

L'intérieur de Saint-Enfant-Jésus est simple. Il est dominé par une voûte à huit points d'appui qui réunit presque en un seul volume la fin de la nef, le chœur et les jubés latéraux. Cette voûte est décorée d'immenses tableaux du peintre Louis Saint-Hilaire.

L'église Saint-Enfant-Jésus subit avec le temps diverses transformations. La plus importante est la réfection de sa façade

ÉGLISE SAINT-ENFANT-JÉSUS DU MILE END
5039, rue Saint-Dominique, Montréal

commandée en 1901 à Joseph Venne. Ce dernier, répondant à on ne sait trop quelle commande, en a fait une salade stylistique incluant de tout, même du mauresque!

On a la main plus heureuse quand, en 1916, on demande à Ozias Leduc de décorer la chapelle du Sacré-Cœur et son autel. Des tableaux de Leduc ornent également les écoinçons à la croisée des transepts de l'église.

Il convient de souligner la présence en façade d'une statue de l'Enfant Jésus couverte de cuivre, une œuvre de l'important statuaire Olindo Gratton dont on retrouvera les statues dans de nombreuses églises du Québec, notamment à Saint-Georges-de-Beauce. Les vitraux ont été dessinés par Delphis Adolphe Beaulieu. L'orgue à quatre claviers, le 500e produit par Casavant Frères, a malheureusement perdu la voix.

Ci-dessus :
La croisée du transept et sa rosace.

Page précédente :
L'orgue et la nef.

Page suivante, en haut :
Détail de la chapelle de la Vierge.

Page suivante, en bas à gauche :
Pendentif de la croisée du transept illustrant l'Annonciation, œuvre d'Ozias Leduc.

Page suivante, en bas à droite :
Les fonts baptismaux, sculptés par Elzéar Soucy.

Page 51 :
Détail de la chapelle de saint Joseph et vue de la chapelle du Sacré-Cœur et son baptistère.

ÉGLISE SAINT-ENFANT-JÉSUS DU MILE END

Église Saint-Enfant-Jésus du Mile End

ÉGLISE SAINT-JOSEPH DE MONTRÉAL

Es Messieurs de Saint-Sulpice sentent que la pression exercée par l'évêque de Montréal, monseigneur Ignace Bourget, commence à menacer leur monopole. Ils espèrent libérer de la vapeur en construisant non pas une chapelle de desserte, comme c'est leur habitude, mais une vraie église, même si elle n'est pas très grande : il ne faut pas porter ombrage à Notre-Dame.

Dix ans se sont écoulés depuis que Victor Bourgeau a dessiné l'église Saint-Pierre-Apôtre quand il reçoit des sulpiciens en 1861 la commande d'une nouvelle église qui sera située dans le quartier Saint-Joseph, rue Richmond, à l'ouest du centre-ville.

Saint-Joseph, à l'instar de son saint patron, sera une église modeste si on la compare à celles qui l'ont précédée : son plancher ne couvrira que 2 642 m² (28 428 pi²). Modeste, elle le sera de bien d'autres façons. Les Canadiens anglais non catholiques viennent de célébrer le premier centenaire de leur victoire décisive en terre d'Amérique et voient d'un mauvais œil la multiplication de temples érigés en l'honneur d'une religion qui n'est pas la leur. La construction débute donc sans tambour ni trompette et quand, en novembre 1862, on inaugure la nouvelle église, elle n'a pas de clocher, pas de transept, pas de sacristie, pas de cloche au clocher pourtant fort bien lancé.

Existe-t-il une autre raison au manque d'enthousiasme des sulpiciens? Ils savent peut-être qu'ils perdront bientôt ce lieu du culte. C'est ce qui se produit en 1880. Avant de partir, ils auront pris soin d'installer une cloche au clocher, une minuscule cloche de 343 livres, un tinton quand on la compare au gros bourdon de

ÉGLISE SAINT-JOSEPH DE MONTRÉAL
540, rue Richmond, Montréal

12 tonnes de Notre-Dame dont la voix ne risque certes pas de couvrir celle de l'église principale. Il s'écoulera trente ans avant que la sacristie, les chapelles latérales et le presbytère ne soient terminés.

Saint-Joseph n'a pas l'air d'une église de ville. Elle ressemble à une paisible église de campagne et n'en a que plus de charme. De style néo-gothique, la marque de commerce de Bourgeau, les arches de sa voûte s'élancent audacieusement dans l'espace. Le principal point d'intérêt de cette église réside dans les boiseries de sacristie qui portent la marque raffinée de Bourgeau.

Quand la construction est enfin terminée, au bout de trois longues décennies, c'est le peintre-décorateur Napoléon Saint-Charles qui en assure la décoration. On donnera à l'église Saint-Joseph un carillon en 1901 et en 1910 on y installera un orgue Casavant de 54 jeux.

Ci-dessus :
Les galeries.

Page précédente, en haut à gauche :
Statue de la Vierge et son édicule sise à l'entrée du chœur.

Page précédente, en haut au centre :
Statue du Sacré-Cœur.

Page précédente, en haut à droite :
La chaire, dessinée par Victor Bourgeau.

Page précédente, en bas :
L'orgue et une partie de la voûte.

ÉGLISE DU GESÙ

E 1860 à 1870, on voit surgir à Montréal plusieurs églises destinées à la population de langue anglaise. Ce sont la Church of St. James the Apostle, la Holy Trinity Church, la Sherbrooke Street Methodist Church, la St. Paul's Church of Scotland, la St. George's Church.

Pendant cette même époque, une seule église catholique pour les fidèles de langue française voit le jour. Elle n'est pas rattachée à une paroisse mais elle est associée à un collège. Il s'agit de l'église du Gesù, l'église du collège Sainte-Marie, propriété des jésuites. Ayant succédé à monseigneur Lartigue au siège épiscopal de Montréal, monseigneur Bourget démontre un attachement indéfectible et une admiration sans borne pour Rome et pour tout ce qu'elle représente en autorité. Il ira même jusqu'à réclamer que les églises de son diocèse soient des répliques des temples de la ville éternelle. Cette règle, comme on le verra, s'appliquera à la cathédrale de sa ville.

En passant, rappelons qu'après un brillant ministère en Nouvelle-France où huit de leurs missionnaires sont martyrisés, les jésuites se voient refuser par le conquérant anglais le droit de recruter des novices au pays. Comble de malheur, le pape Clément XIV procède à la dissolution de la Compagnie de Jésus en 1773. Le pape Pie VII l'a cependant rétablie en 1814.

Ayant assuré le retour des jésuites au Canada en 1842, monseigneur Bourget leur enjoint de bâtir un collège et une église. Ce sera une pièce de plus sur l'échiquier qui l'oppose aux sulpiciens.

ÉGLISE DU GESÙ
1202, rue Bleury, Montréal

Ci-dessus, à gauche :
L'autel dédié à Notre-Dame-de-Liesse.

Ci-dessus, à droite :
L'autel de saint Joseph.

Page suivante, en haut à gauche :
Détail de l'autel Notre-Dame-de-Liesse et sa statue patronymique.

Page suivante, en haut à droite :
La communion de saint Louis de Gonzague, par les frères Gagliardi.

Page suivante, en bas :
La Piéta, une ronde-bosse de plâtre.

Les jésuites commandent donc à l'un des leurs, le père Félix Martin, qui a travaillé aux plans de l'église Saint-Patrick, de produire un dessin. Comme on pouvait s'y attendre, le plan du père Martin est de style néo-gothique : il est promptement rejeté par l'évêque.

Un architecte de grande expérience, Patrick Keely, de Brooklyn, est chargé d'élaborer de nouveaux plans qui devront s'inspirer fortement du Gesù de Rome, une des plus belles basiliques de style florentin de la Renaissance.

Malgré le fait que le Gesù de Montréal soit une copie très lointaine du Gesù de Rome, il s'agit quand même d'une grande église de 4 400 m² (47 344 pi²) dont l'élégante voûte s'élève à 75 pi (22,9 m) du sol.

Ce monument devait être surmonté de deux clochers qui, pour des considérations pécuniaires, ne s'élevèrent jamais plus

Ci-dessus :
La voûte de la nef et le transept, bras gauche.

haut que la base des deux tours actuelles. En effet, la majorité des sommes recueillies grâce à la générosité des fidèles serviront à faire vivre le collège Sainte-Marie.

La voûte du Gesù, formée de cinq arcades, est ornée de fresques grandioses, copies de chefs-d'œuvre des grands maîtres de l'école allemande, œuvres du peintre Daniel Muller qui, pour des raisons qu'on ignore, a utilisé de la peinture à l'eau de telle sorte qu'on ne put jamais les laver!

Par ailleurs, de grands tableaux représentant la communion de saint Louis de Gonzague et saint Stanislas de Kostka ont été produits par les célèbres frères Gagliardi de Rome. Les mêmes

artistes ont également doté les chapelles de la Sainte Vierge et de saint Joseph d'une Sainte Famille et d'une Fuite en Égypte.

Le maître-autel est orné de trois statues importantes. Une statue de Notre Seigneur montrant son Cœur adorable, occupe une niche dans la partie supérieure de l'autel principal. Dans les deux niches inférieures se trouvent les statues de saint Pierre et de saint Paul. La statue de Notre-Dame-de-Liesse rapportée de France en 1877 contient les cendres de la statue originale brûlée au cours de la Révolution française.

Le collège Sainte-Marie a été démoli en 1976 mais l'église reste et est considérée comme un bien culturel.

Ci-dessus, à gauche :
Les colonnes, bas-côtés et chemin de la croix.

Ci-dessus, à droite :
Tabernacle d'un autel du transept.

CATHÉDRALE MARIE-REINE-DU-MONDE

N 1870, le diocèse de Montréal, qui couvre la majeure partie du Québec, compte 400 temples catholiques. En décembre 1865, le pape Pie IX donne finalement raison à monseigneur Ignace Bourget qui, comme son prédécesseur monseigneur Jean-Jacques Lartigue, a lutté âprement pour que le Saint-Siège mette fin au décret garantissant les privilèges des sulpiciens. L'évêque, qui a favorisé la construction de nombreuses églises, sait bien que la construction d'une cathédrale sera tôt ou tard justifiée.

CATHÉDRALE
MARIE-REINE-DU-MONDE
1085, rue de la Cathédrale, Montréal

Ce jour béni arrive quand la population de foi chrétienne catholique de son diocèse atteint 400 000 âmes. Le prélat, qui a maintes fois donné la preuve de son admiration pour la hiérarchie supérieure de l'Église et de son attachement à Pie IX, se voit dans l'obligation de choisir un modèle pour sa propre église. Quelle est, demande-t-il alors à ses proches, le plus beau temple de la chrétienté? La réponse est unanime : Saint-Pierre de Rome. Nul n'est étonné quand il annonce que son église ressemblera à celle du pape.

Mais on ne s'attendait pas à ce qu'elle en soit une copie aussi conforme : la basilique Saint-Jacques-le-Majeur, ainsi nommée à l'époque, est la copie quasi exacte de Saint-Pierre de Rome à l'échelle réduite de un sur deux!

Le *Montreal Daily Star* du 18 août 1886 soulève une question fascinante : monseigneur Bourget, véritable visionnaire, prévoyait qu'un jour le pape serait chassé de Rome; la question est de savoir si, dans son for intérieur, il ne préparait pas un asile, une

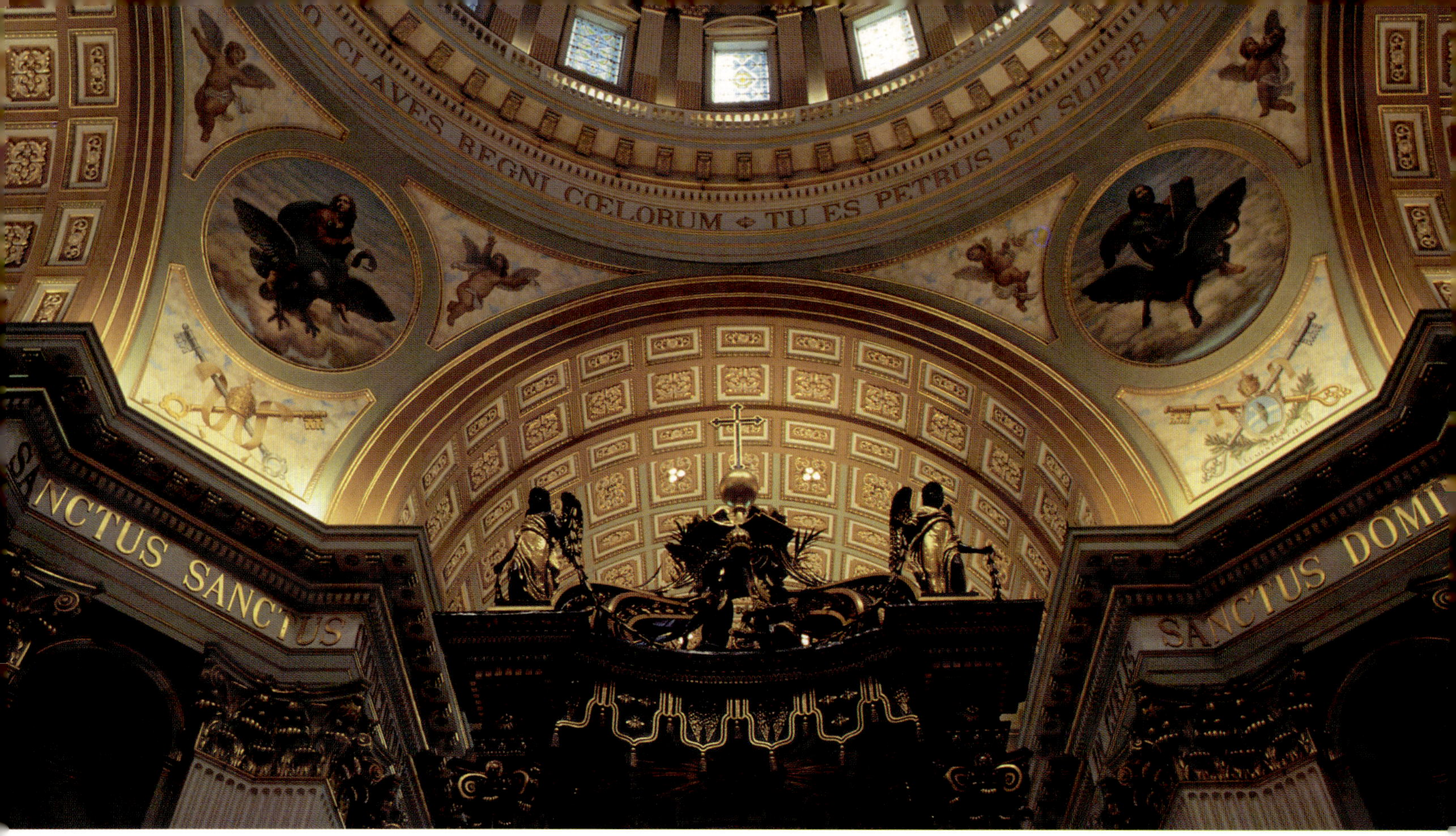
CLAVES REGNI CŒLORUM ✦ TU ES PETRUS ET SUPER
SANCTUS SANCTUS
SANCTUS

INFERI NON PRÆVALEBUNT ADVERSUS EAM ET TIBI DABO

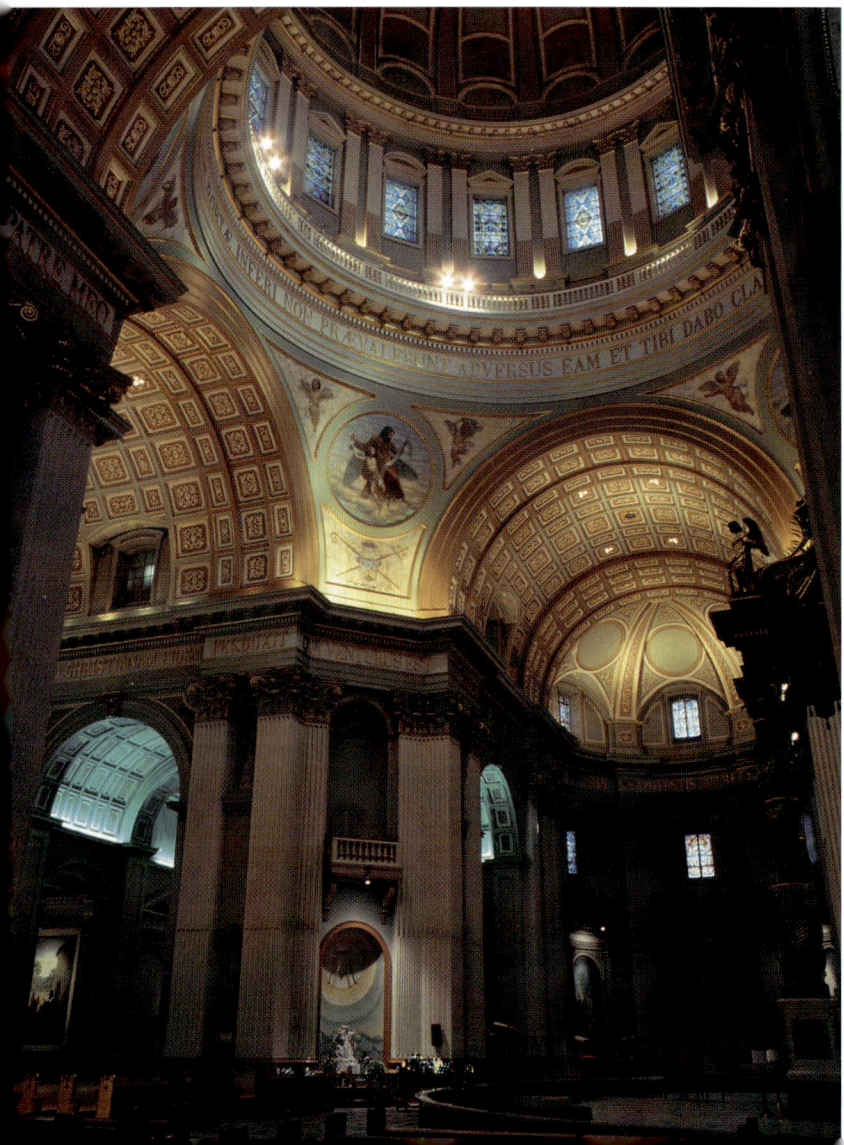

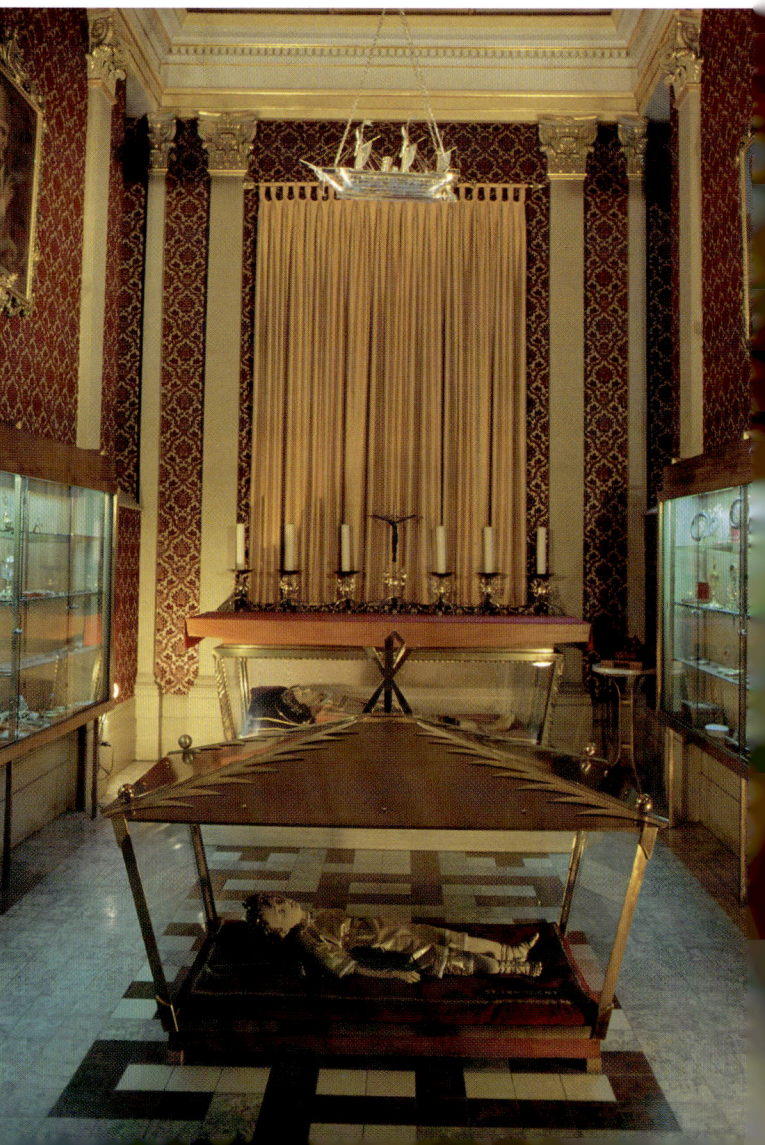

église de remplacement pour le Saint-Père. N'avait-il pas créé une armée pour le défendre?

La cathédrale de Montréal est encore aujourd'hui, hormis les deux centres de pèlerinages que sont l'oratoire Saint-Joseph et la basilique de Sainte-Anne-de-Beaupré, la plus grande église du Québec. La superficie de ses planchers est de 16 904 m² (181 887 pi²), seulement 46 m² (495 pi²) de moins que l'oratoire. La construction se poursuivit pendant 24 ans et coûta 700 000 $, une fortune à l'époque. Rien n'était trop beau pour la gloire du Seigneur mais ce projet a presque causé la faillite du diocèse.

Lorsque monseigneur Charles-Édouard Fabre succède à monseigneur Bourget, son appel pressant, désespéré, à la générosité du bon peuple faisait dire à ce dernier : « Détachez-vous des biens de la Terre, apportez tout au presbytère! »

Puisque la cathédrale de Montréal doit, comme son illustre modèle, être de style néo-baroque, Victor Bourgeau, l'architecte à l'âme d'artiste et spécialiste du néo-gothique, est malheureux. Il en dresse les plans sur ordre de l'évêque dès 1856, lors d'un

Ci-dessus :
L'orgue et sa tribune.

Page précédente, en haut :
Deux pendentifs, partie du dôme et du baldaquin du maître-autel.

Page précédente, en bas à gauche :
Détail de la croisée du transept.

Page précédente, en bas à droite :
La chapelle des zouaves pontificaux.

Ci-dessus :
Détail du retable de la chapelle mortuaire des évêques.

Page suivante, en haut à gauche :
Vue de la coupole à la croisée du transept.

Page suivante, en haut à droite :
Le baptistère et son crucifix, oeuvre de Louis-Philippe Hébert.

Page suivante, en bas :
Le gisant de monseigneur Bourget et les tombeaux des évêques de Montréal.

voyage à Rome. À peine se console-t-il par la taille de l'œuvre à accomplir : il faut bien gagner son pain. À son retour de Rome, il s'oppose au projet, jugeant que Saint-Pierre ne peut être ni copiée ni réduite. La construction est remise à plus tard.

En 1868, l'évêque envoie un clerc de Saint-Viateur à Rome. Le révérend Joseph Michaud, qui a des notions d'architecture, accompagne le deuxième détachement de zouaves du pape, armée de volontaires constituée par monseigneur Bourget pour défendre le pape Pie IX contre Victor-Emmanuel II, roi du Piémont, qui menace d'envahir les États pontificaux. Le père Michaud agit à titre d'aumônier mais il a mission secrète de construire une maquette de la sainte basilique et de la rapporter au plus vite à son évêque.

À son retour, la cathédrale est construite sans plus de délais de les ouvriers consultent davantage cette maquette de 15 pi (4,8 m) que les plans de Bourgeau ! D'ailleurs, Bourgeau meurt pendant les travaux, en 1888, et c'est le père Michaud qui terminera seul l'ouvrage.

La basilique cathédrale ressemble à Saint-Pierre de Rome, même à l'intérieur. Ainsi, les caissons de plâtre de la voûte sont ornés de motifs géométriques. Par contre, les statues de la façade ne représentent pas les 12 apôtres mais plutôt les 13 saints patrons des paroisses qui les ont offertes au diocèse. Ces statues sont l'œuvre de l'excellent statuaire Olindo Gratton. Elles sont faites de bois sculpté recouvert de feuilles de cuivre. Gratton a également fait les quatre anges des angles.

Le baldaquin en bronze doré est une copie réduite de celui de Saint-Pierre de Rome. Il est une œuvre conjointe des sculpteurs Arthur Vincent et Olindo Gratton.

Parmi les œuvres d'art de la cathédrale, notons plusieurs tableaux de l'excellent peintre Georges Delfosse. Plus tard, Guido Nincheri peint le tableau de l'autel des âmes du purgatoire. Une toile de l'artiste français E. Laurent représente la première messe à Ville-Marie.

L'autel est en marbre blanc et en onyx. Un orgue Casavant à trois claviers et 52 jeux anime les offices.

ÉGLISE DE LA NATIVITÉ-DE-LA-SAINTE-VIERGE D'HOCHELAGA

'ÉGLISE de la Navitivé est une belle construction de style romano-byzantin teinté d'influences mauresques. Elle est construite en 1875 mais brûle en 1921. Elle est reconstruite dans ses murs originaux d'après les plans de Dalbé Viau et Alphonse Venne, par monseigneur Georges Lepailleur qui rêve d'en faire une cathédrale.

Il faut comprendre qu'à cette époque une agglomération importante s'est développée dans la banlieue de l'est de l'île. Les ecclésiastiques espéraient en faire un diocèse.

L'église de la Nativité est à la mesure des ambitions de monseigneur Lepailleur, ses planchers couvrant 3 920 m² (42 179 pi²). L'évêque fait hausser le toit de 10 m (32,8 pi) afin de donner plus de majesté à l'édifice. Le dôme s'élève à 83 pi (25,3 m). L'utilisation de chapitaux massifs et plein cintre relève de l'art roman. Quant au clocher, il rappelle celui de Saint-Marc, à Venise.

L'architecte Dangeville Dostaler s'est inspiré du plan de la cathédrale de Florence pour la Nativité. De cette église massive, bâtie en pierre calcaire de la carrière Morrison, se dégage un air de digne beauté classique. Aucune décoration, aucune fioriture : toute l'attention est reportée sur une extraordinaire frise qui orne, au sommet des murs, le chœur et la nef. Cette frise, dont les personnages grandeur nature ont été sculptés dans la pierre de Caen, est l'œuvre des artisans Carli et Petrucci. Elle raconte d'abord la naissance de la Vierge Marie, sa vie et ses mystères. Plus on lit la frise en allant vers les jubés, plus les personnages

ÉGLISE DE LA NATIVITÉ-DE-LA-SAINTE-VIERGE D'HOCHELAGA
1855, rue Dézéry, Montréal

quittent la légende biblique pour entrer dans l'histoire religieuse contemporaine.

Les vitraux ont été dessinés en 1960 par Guido Nincheri, un maître-verrier italien réputé dont les services ont été retenus dans maintes églises. Le maître-autel est en marbre, simili-marbre et mosaïque.

L'église de la Nativité est dotée d'une acoustique extraordinaire. De l'emplacement de l'ancien maître-autel, le célébrant peut se faire entendre parfaitement jusqu'au second jubé. De cet endroit, le son de la chorale et de l'orgue peut rejoindre tous les fidèles. Heureusement, l'acoustique est exceptionnelle : l'orgue n'a que huit jeux.

Ci dessus :
Le maître-autel.

Page précédente en bas :
La tribune arrière.

Pages 70 et 71 :
La frise ornant le chœur et la nef, œuvre de Carli et Petrucci.

CHAPELLE NOTRE-DAME-DE-LOURDES

ÊME si le diocèse de Québec est le premier constitué, le diocèse de Montréal, qui est plus tard confié à monseigneur Lartigue, présente un potentiel de développement beaucoup plus important. En 1876, le diocèse de Montréal, qui couvre toute la partie du Québec située entre le Saint-Maurice et Hull, compte déjà près de 500 églises. On aura compris que la construction d'églises est devenue une industrie importante. Déjà, des architectes, des peintres et des sculpteurs ont donné des preuves irréfutables de leurs talents. Voici qu'un nouveau nom apparaît en signature des cahiers de charge : Napoléon Bourassa.

Napoléon Bourassa fait partie de la bourgeoisie. Il est le gendre de Louis-Joseph Papineau et le père de Henri Bourassa, qui se distinguera comme orateur et fondera *Le Devoir*. Napoléon Bourassa est architecte, peintre, décorateur, poète, homme de lettres et homme de goût. Il ne construira pas un grand nombre d'églises mais son influence sera immense auprès des autres constructeurs de l'époque.

C'est à Napoléon Bourassa que les Messieurs de Saint-Sulpice demandent de construire et de décorer une chapelle pour leur séminaire. Alors que le style néo-gothique, par ses voûtes élevées et très élancées, provoque les grands élans du cœur, les voûtes en demi-cercles, du style romano-byzantin sont plus intimistes et invitent à la piété. C'est le style que l'artiste donnera à son chef-d'œuvre. Il sera assisté par l'architecte Adolphe Lévesque dans la réalisation de ce monument qui n'a de modeste que la taille : 1 100 m² (11 836 pi²).

CHAPELLE
NOTRE-DAME-DE-LOURDES
430, rue Sainte-Catherine Est, Montréal

Ci-dessus :
Les absidioles gauche et droite du transept.

Page suivante, en haut à gauche :
L'orgue.

Page suivante, en haut à droite :
Vue de la nef et de la croisée du transept.

Page suivante, en bas :
Saint Michel Archange, une ronde-bosse en bois, œuvre de Louis-Philippe Hébert.

Pages 78 et 79 :
Voûte et dôme.

La façade de cette chapelle se distingue par une porte monumentale surmontée d'une galerie et d'une rosace élégante. Dans une niche, une statue de Notre Dame de Lourdes en bronze doré rappelle que cette chapelle lui est dédiée. L'alternance de la pierre grise et du marbre blanc donne à cette façade une riche apparence.

L'édifice compte deux chapelles. L'une, au sous-sol, contient une reproduction de la grotte de Lourdes. L'autre, au rez-de-chaussée, est celle qui éblouit tout visiteur.

Soulignons d'abord que le vestibule porte un revêtement de noyer noir, le bois le plus précieux en Amérique. La voûte cintrée, haute de 50 pi (15,3 m), repose sur des piliers majestueux.

Le chœur est surmonté par un dôme demi-sphérique très éclairé et entièrement peint par Napoléon Bourassa qui y a exprimé la ferveur de sa foi. Ce tableau circulaire et ininterrompu

expose aussi complètement que possible les faits sur lesquels repose le dogme de l'Immaculée Conception. Ce dogme a jailli de quatre sources principales : la Révélation, la Tradition, la Doctrine et l'Autorité, qui sont toutes pieusement illustrées.

D'autres tableaux décorent les absides : ils représentent la Visitation et l'Adoration des Bergers et des Mages. La Tradition et la Doctrine sont représentées par les Pères et les Docteurs de l'Église grecque et de l'Église latine.

L'autel, qui est simple, est encadré de deux grandes compositions : l'Assomption de la Vierge Immaculée et le Couronnement de Marie au Ciel. Enfin, le maître-autel est surmonté d'une statue représentant l'archange Gabriel.

ÉGLISE SAINTE-BRIGIDE

Onstruite en 1878, l'église Sainte-Brigide est l'œuvre de l'architecte Louis-Gustave Martin. Elle est de style néo-roman. Cette belle grande église de plus de 4 600 m² (49 496 pi²) est surmontée du clocher peut-être le plus élégant de Montréal.

Cela s'explique du fait que Victor Bourgeau a mis la main à la pâte. C'est à l'architecte Louis-Gustave Martin, de la maison Poitras et Martin, que revient l'honneur d'avoir signé les plans de Sainte-Brigide, mais un relevé des livres de comptes de la paroisse nous apprend que Bourgeau a participé aux plans de cette église.

Bien que moins importante que l'église Saint-Pierre-Apôtre toute proche, l'église Sainte-Brigide compte parmi les plus belles églises de Montréal, estime un rapport sur la valeur architecturale et esthétique des églises de Montréal remis à la Communauté urbaine de Montréal.

Elle présente de grandes qualités artistiques, elle est empreinte de noblesse et fait preuve d'une belle dignité. La plus belle pièce de mobilier est son maître-autel en marbre blanc. De fait, les trois autels sont en marbre, luxe exceptionnel pour l'époque. Ils ont été exécutés par Robert Reid.

Les peintures de la voûte de la nef portent la signature d'un nouveau venu : Toussaint-Xénophon Renaud. Ce peintre sera par la suite fort recherché puisqu'il décorera plus de 200 églises au Québec.

Église Sainte-Brigide
1151, rue Alexandre-de-Sève, Montréal

Page suivante, en haut à gauche :
Les fonts baptismaux.

Page suivante, en haut à droite :
Le maître-autel, de Robert Reid.

Page suivante, en bas :
La rosace du chœur.

Page 83 :
La nef et les bas-côtés.

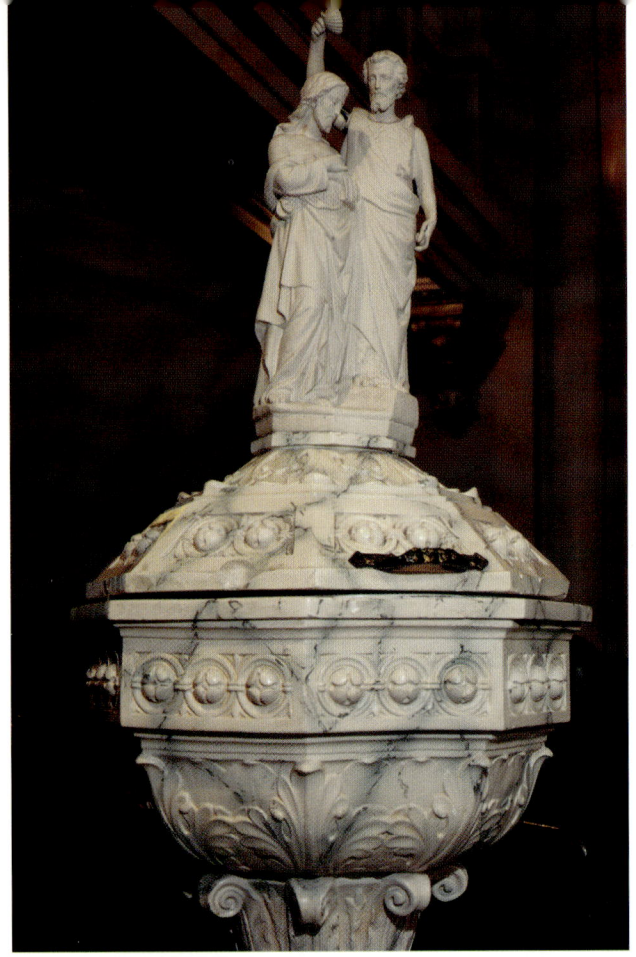

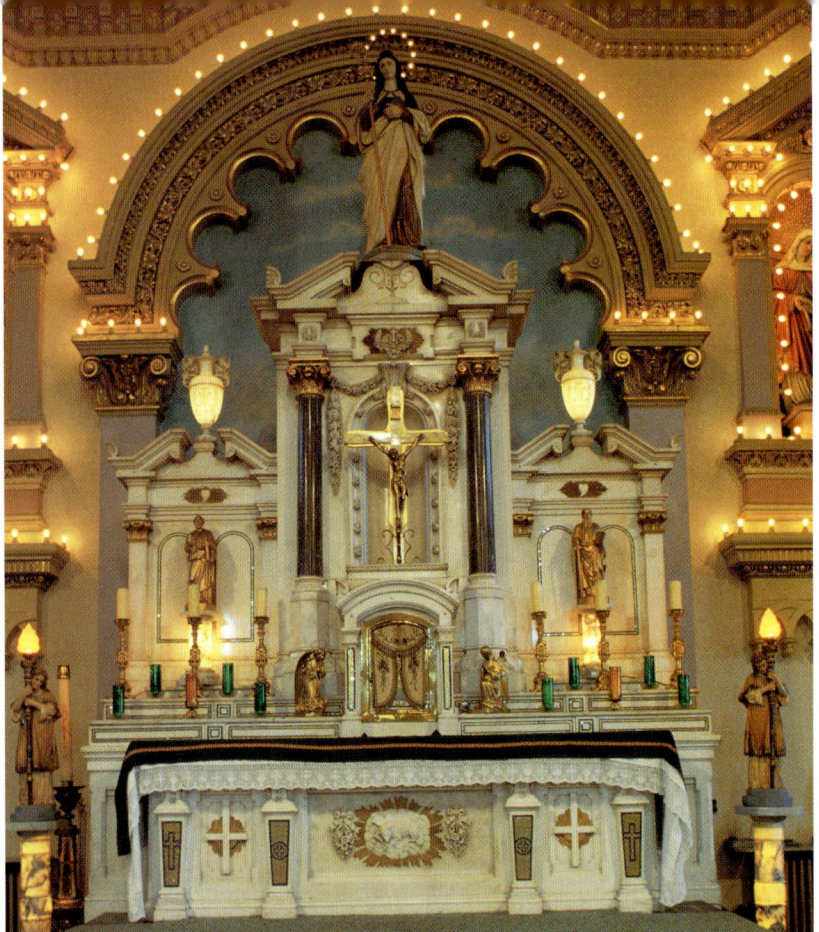

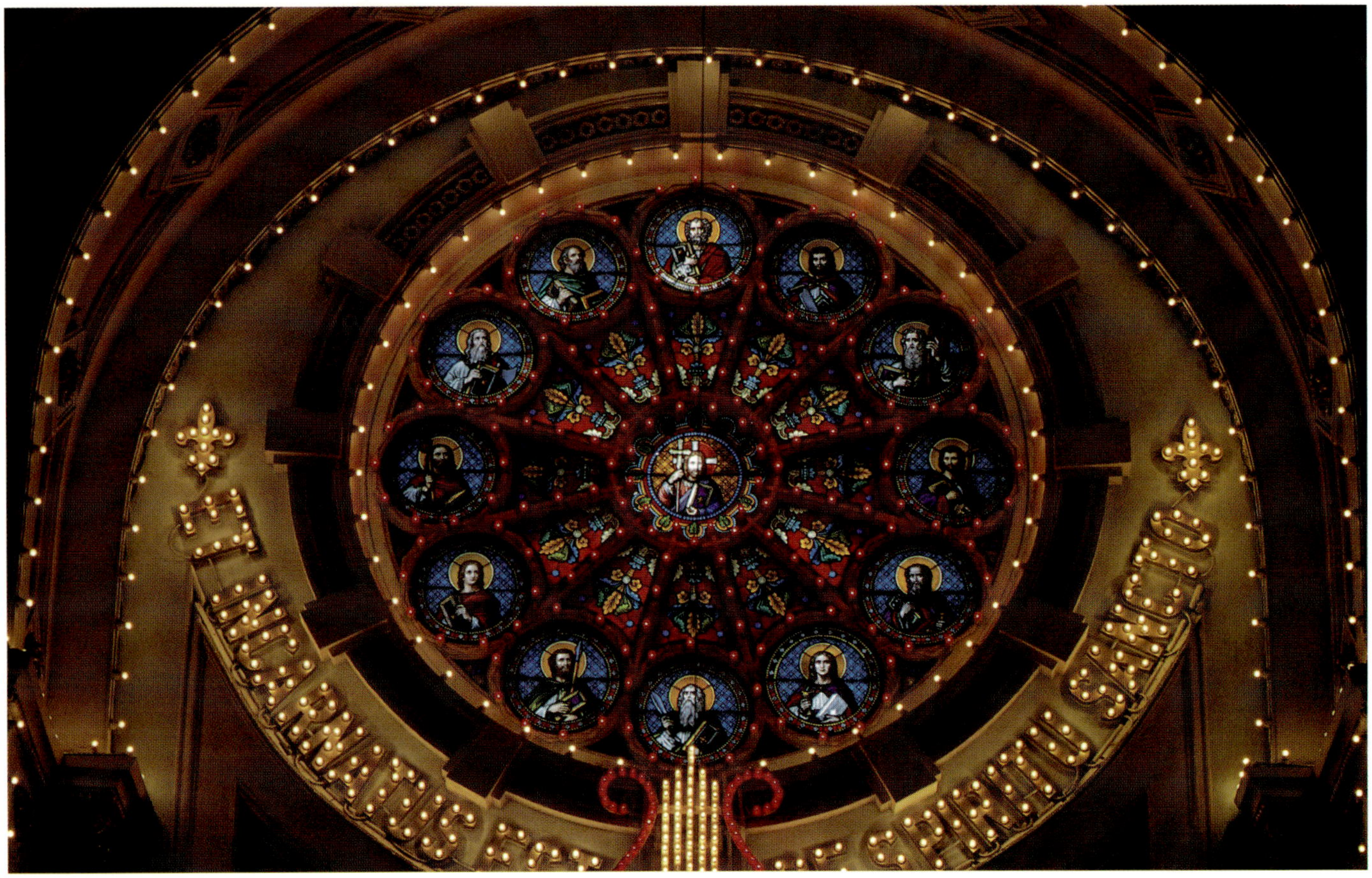
ET INCARNATUS
SPIRITU SANCTO

ÉGLISE SAINT-JOACHIM, DE POINTE-CLAIRE

Ien en évidence sur la pointe de Pointe-Claire et se profilant sur le lac Saint-Louis, l'église Saint-Joachim fut érigée de 1880 à 1882 selon les plans de Victor Bourgeau et de son associé Alcibiade Leprohon.

Elle remplace une église, également construite par Bourgeau, qui était sur le point d'être complétée lorsqu'elle fut rasée par un incendie qui emporta en même temps l'ancienne église de Pointe-Claire, qui datait du XVIIIe siècle.

C'est une grande église de style néo-gothique, comme l'indiquent les arcades ou ogives en arc brisé de ses fenêtres. Autres confirmations de ce style, les contreforts et les tourelles qui se trouvent à l'angle de la façade, de même que les éléments néo-gothiques du portail de la façade. Ce portail en avant-corps, donc excédant la structure, est réalisé dans le même esprit que l'église Saint-Pierre-Apôtre de Montréal, la première église néo-gothique de Bourgeau.

Poursuivant son évolution, le style de Bourgeau s'est un peu simplifié, compte tenu du fait qu'il œuvre cette fois en milieu plus modeste. Le clocher est très intéressant par sa construction dont la lanterne est complètement faite en pierre. La flèche, légère et élancée, est construite en bois et en tôle. Presque démesurée, elle souligne la verticalité remarquable des lignes de la façade. Ce clocher représente une étape dans l'art de Bourgeau parce que les clochers néo-gothiques qu'il a érigés ailleurs sont d'apparence plus lourde.

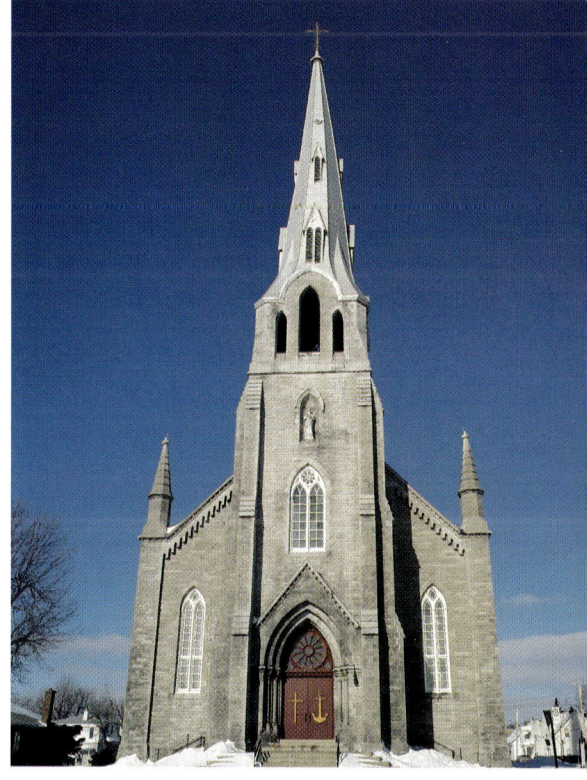

ÉGLISE SAINT-JOACHIM
DE POINTE-CLAIRE
1, rue Saint-Joachim, Pointe-Claire

En haut :
La chaire, œuvre de François Archambault.

Ci-dessus :
La nef, depuis la tribune de l'orgue.

Page suivante, en haut :
Le maître-autel et son retable d'Archambault.

Page suivante, en bas :
L'orgue et sa tribune.

L'église est construite en pierre grise bossée, la pierre de taille bouchardée étant réservée à l'ornementation et à la décoration des croisées. La nef et les bas-côtés sont recouverts par un toit à pignon à deux versants. L'abside est coiffée d'un toit conique. Une corniche à modillons couronne les longs pans. L'architecte Germain Casavant, du Service de la planification du territoire de la Communauté urbaine de Montréal a exprimé l'avis que l'église Saint-Joachim de Pointe-Claire marque un sommet dans la carrière de Victor Bourgeau. Partout, l'unité est respectée.

L'intérieur porte la marque caractéristique des églises que Bourgeau construisait à cette époque. Il s'apparente à ceux qu'il a conçus pour Saint-Philippe de Laprairie et Saint-Constant, malheureusement détruites, de même que pour l'église des Cèdres, dans la région de Vaudreuil-Soulanges, qui a été construite presque au même moment.

Ce décor a été réalisé en bois et en plâtre. Sous un même toit, on retrouve trois nefs séparées par une colonnade qui crée des bas-côtés de part et d'autre. Tout le long des murs latéraux, les longs pans, et dans tout le pourtour du chœur, on retrouve des statues qui ponctuent l'espace avec le chemin de la croix. Ces statues sont des rondes-bosses en plâtre et proviennent de la maison Carli, de Montréal. Elles viennent tout juste de retrouver leur polychromie. Par une de ces décisions inexplicables et inexpliquées, elles avaient, dans les années 1950, été peintes en blanc. On vient de leur rendre, tant bien que mal, leurs couleurs originales. Pour les mettre en valeur, on a doté ces statues de niches et de dais ornés de fleurons et de galbes gothiques, et de petits clochetons.

Les autels et la chaire, de belle menuiserie, sont de facture néo-gothique simplifiée. Ce décor intérieur, de même que la construction de l'église, furent réalisés par François Archambault, de l'Assomption, un collaborateur régulier de Bourgeau. Archambault a aussi réalisé les décors de l'église de l'Assomption avec un autre Victor Bourgeau, cousin du premier.

À Pointe-Claire, François Archambault a travaillé seul à titre d'entrepreneur. Il était avant tout un habile menuisier; on remarque dans son mobilier la facture du menuisier, moins raffinée que celle d'un sculpteur ornemental, ce qu'il n'a jamais été.

Au maître-autel, on admire la seule toile de cette église, qui avait été conçue pour l'église précédente. C'est un tableau de Luigi Cappello représentant saint Joachim. On reproche au peintre d'avoir confié à Joachim un rôle trop discret par rapport à celui de sa femme, sainte Anne, et de sa fille, la Vierge Marie.

Quelques éléments proviennent de l'église précédente. C'est le cas du chandelier pascal, sauvé des flammes, qui est empreint du style de l'atelier des Écorres. Il s'inspire autant des œuvres de Quévillon et Liébert qui, eux-mêmes s'inspiraient du style Louis XIV. Il s'agit d'un genre de piédestal qui servait à porter des candélabres.

L'orgue de Saint-Joachim de Pointe-Claire, fabriqué par les Orgues canadiennes, date du début du siècle. On considère que la facture des Orgues canadiennes est de moins bonne qualité que celle des Casavant. Cet instrument, restauré en 1987, est quand même intéressant.

ÉGLISE SACRÉ-CŒUR-DE-JÉSUS

ONTRÉAL connaît, dans la seconde moitié du XIXe siècle, un essor sans précédent. Cette prospérité nouvelle s'explique par l'aménagement du port, le creusage du Saint-Laurent depuis le lac Saint-Pierre permet aux navires de fort tonnage d'arriver jusqu'à la métropole.

Au Faubourg Québec, dans l'est de la ville, on assiste à l'implantation de nombreuses usines le long de la rue Notre-Dame, depuis le centre-ville jusqu'à la rue Frontenac. Le faubourg change de nom pour devenir le quartier Sainte-Marie. Il se peuple de travailleurs d'origine rurale, attirés par les milliers d'emplois qu'on y offre.

La profession de constructeur d'églises est devenue une activité à la mode. Des individus y ont acquis la notoriété et des familles s'imposent. Tels les Venne (Joseph, Émile et Alphonse) qui pendant 40 ans apposeront leur signature au bas des plans de douzaines d'églises.

On a déjà mentionné le pot-pourri stylistique que Joseph Venne a réalisé à l'église Saint-Enfant-Jésus du Mile End lors de sa réfection en 1901. Il avait déjà annoncé ses couleurs, au propre comme au figuré, lors de la construction de l'église Sacré-Cœur-de-Jésus.

C'est en effet à Joseph Venne que monseigneur Fabre confie en 1886 l'élaboration des plans de la partie supérieure de l'église. Rappelons que la construction de cette église débute en 1876 sous la direction d'Adolphe Lévesque – celui qui avait auparavant construit la chapelle Notre-Dame-de-Lourdes – mais

ÉGLISE SACRÉ-CŒUR-DE-JÉSUS
2000, rue Alexandre-de-Sève, Montréal

Ci-dessus, à gauche :
Le maître-autel.

Ci-dessus, à droite :
Le tabernacle et la monstrance du maître-autel.

qu'elle doit être interrompue à cause de la crise économique qui sévit alors. Joseph Venne complète les travaux en deux ans.

La nouvelle église se distingue par son style gothique flamboyant du XVe siècle avec quelques rappels mauresques à l'extérieur. Un magnifique clocher de près de 80 m (262 pi) orne la façade. Il est malheureusement détruit lors d'un incendie qui survient en 1922.

L'église Sacré-Cœur-de-Jésus est grande : plus de 4 300 m² (46 268 pi²). Le vestibule s'ouvre sur une haute et vaste nef de sept travées. Quand on reconstruit après l'incendie de 1922, on utilise pour une des premières fois un nouveau matériau incombustible : le béton armé. Cette technique permet d'ornementer les arcs de fines nervures qui allègent l'ensemble tout en conservant le style gothique recherché par Venne.

Ci-dessus :
Les autels de saint Joseph et de la Sainte Vierge.

La voûte, décorée comme un coffret précieux, rappelle celle de Notre-Dame à la différence près qu'elle est brillamment éclairée par des fenêtres et des rosaces latérales aux verres colorés qui tamisent la lumière.

La chaire en bois sculpté, exécutée à Lyon, est une véritable œuvre d'art, de très belle facture et d'une légèreté qui élève l'âme et rend véritablement l'esprit gothique. La sacristie vaut la peine d'être notée pour ses riches boiseries. La table de communion en marbre blanc repose sur des colonnettes d'onyx du Mexique.

Toute l'architecture converge vers le chœur occupé par un maître-autel monumental en marbre blanc orné de trois bas-reliefs encadrés des statues des évangélistes. Mais c'est dans le rétable que Joseph Venne laissa libre cours à sa passion créatrice.

C'est un immense rétable de stuc qui s'étale derrière et de chaque côté du maître-autel et qui meuble tout le fond du chœur.

Ci-dessus à gauche :
Les arcades de la nef.

Ci-dessus à droite :
La statue de saint Simon sise dans un écoinçon des arcades de la nef.

Page suivante :
La chaire en bois sculpté, œuvre de la maison Berzines, de Lille.

Dans la partie inférieure, une série de bas-reliefs représentent des scènes bibliques : entre l'Annonciation à gauche et la Résurrection à droite, on voit Jésus-Christ enseigner à ses apôtres et accomplir des miracles. Puis en douze mosaïques de verre multicolore et de moulages, se déploie une théorie de saints et de saintes. Enfin, un haut-relief représentant l'apothéose du Sacré-Cœur entouré d'anges qui portent sa couronne céleste domine le tout.

Cet impressionnant moulage est exécuté dans les ateliers de la maison Carli et Petrucci. Il faut croire que les artistes de talent étaient nombreux à cette époque puisqu'on a oublié le nom de l'auteur de cette œuvre unique!

ÉGLISE DE L'IMMACULÉE-CONCEPTION

ENTRE 1886 et 1895, une dizaine d'églises importantes sont construites à Montréal tant pour les anglophones que pour les francophones catholiques. L'évolution des moyens de transport ainsi que les innovations technologiques exercent une pression considérable sur l'expansion urbaine : l'éclairage des rues à l'électricité remplace graduellement le gaz dès 1889 tandis que les tramways électriques entrent en service en 1893. La ville se développe en tous sens.

En cette année, une autre grande église voit le jour : l'église de l'Immaculée-Conception compte plus de 5 300 m² (57 028 pi²). L'archevêque de Montréal, monseigneur Édouard-Charles Fabre, veut la confier aux membres de la Compagnie de Jésus, mais ces derniers se traînent les pieds : on est en temps de crise économique et ils craignent que les déboires financiers qui assaillent d'autres temples, notamment l'église Saint-Jean-Baptiste, ne les atteignent aussi. La négociation sera longue et difficile.

Puis, les travaux reprennent pour de bon à l'été 1895. Ils s'effectuent péniblement. On décide de construire sur le site d'une école qu'il faut d'abord déménager. Puis, on doit creuser à 30 pi (9,1 m) dans la glaise détrempée avant d'atteindre le roc. La majeure partie du travail doit être effectué à la main, les excavatrices n'existent pas encore. De nombreux éboulis surviennent, et on doit constamment pomper l'eau. Les prêtres disent des messes pour la sécurité des ouvriers.

Il faudra un an de travail pour atteindre finalement une base solide sur laquelle seront empilées des pierres liées de béton.

ÉGLISE DE L'IMMACULÉE-CONCEPTION
1855, rue Rachel Est, Montréal

Ci-dessus :
Autel dédié à Notre-Dame-de-Lourdes.

C'est sur cette assise que le temple s'élève enfin. L'architecte, Georges-Émile Tanguay, n'est pas connu dans le milieu : tous les constructeurs célèbres sont déjà employés ailleurs.

Tanguay, qui n'est pas un connaisseur concernant le gothique mais qui est bien au fait des techniques nouvelles, propose un temple de style néo-roman. Pour la première fois en Amérique, on utilise l'acier dans la construction d'une église. Cette innovation permet d'avoir une nef sans colonnes mais entraîne la nécessité d'abaisser la voûte dont l'acoustique ne sera que meilleure. C'est par ailleurs la première église entièrement électrifiée au Canada.

Voici en quels termes dithyrambiques *La Presse* du 28 mai 1898 décrit le nouveau temple qu'on s'apprête à inaugurer : « L'édifice flanqué de contreforts semble une forteresse inexpugnable et symbolise la puissance de la Vierge à qui elle est

Ci-dessus :
L'orgue.

dédiée. Tout dans cette citadelle de Marie paraît défier les ravages du temps et du feu. La toiture en ardoise est supportée par une charpente de fer. La voûte intérieure est en acier. D'élégantes colonnes de stuc en imitation de marbre de Sienne jettent leur profil rose le long des murs sans arrêter la vue qui porte sur l'image de l'Immaculée Conception de Murillo souriant là-haut au-dessus du maître-autel. Le pavé en terra-cotta est recouvert d'une marqueterie importée de Maubeuge, France. Plus de 4 000 lampes électriques viennent projeter leur brillante lumière sur les grandioses cérémonies de la liturgie catholique, tandis que la voûte d'une remarquable sonorité plonge les sons de l'orgue et de la masse chorale. »

Le maître-autel de l'église de l'Immaculée-Conception, fait de marbre, est un des plus beaux réalisés en son temps. Le tabernacle est fait de marbre, de simili-marbre et d'onyx du Mexique.

L'orgue de l'église de l'Immaculée-Conception est particulier. Il s'agit d'un Rudolf von Beckerath, un des trois seuls à Montréal. Sa sonorité néo-classique permet l'interprétation du classique et du romantique.

Les vitraux de la nef proviennent de la maison J.P. O'Shea tandis que ceux du chœur et des transepts ont été réalisés par la maison Vermonnet, de France. Le chemin de la croix est l'œuvre du peintre Chabane, ses tableaux sont marouflés directement au mur. Un tableau représentant l'Immaculée Conception, peint par Meloche, surmonte le maître-autel. Le crucifix en bois est l'œuvre du célèbre sculpteur Médard Bourgault. Enfin, un tableau d'Antoine Plamondon datant de 1840 a été emprunté au collège Sainte-Marie.

Page précédente, en haut à gauche :
L'autel du Sacré-Cœur et les fonts baptismaux.

Page précédente, en haut à droite :
L'autel de saint Joseph.

Page précédente, en bas à gauche :
Les fonts baptismaux.

Page précédente, en bas à droite :
Châsse reliquaire des Saints Martyrs Canadiens, œuvre de Jean-Charles Charuest.

ÉGLISE SAINT-JEAN-BAPTISTE

Au moment même où on inaugure l'église de l'Immaculée-Conception, à un jet de pierre de là, sur la même rue, recommence la construction d'une autre église. Il s'agit de l'église Saint-Jean-Baptiste. Cette église est immense : presque 6 000 m² (64 560 pi²), 1 000 m² (10 760 pi²) de plus que Notre-Dame, à laquelle on se mesure toujours. Son architecte, Émile Vanier, un nouveau venu, ne connaît pas le gothique. Aussi, propose-t-il un temple de style néo-baroque.

Nous avons dit « recommence » : il semble que ce site soit marqué par le mauvais sort. Une première église construite en 1874 a été détruite par le feu. Cet incendie emporte le splendide clocher qui sera remplacé par les deux couronnes que nous connaissons aujourd'hui, réalisées par Émile Vanier.

À l'époque de la construction de sa première église, en 1873, Saint-Jean-Baptiste est une ville progressive, indépendante de Montréal. Les maisons y sont cossues et les commerces florissants.

Mais, il semble que les citoyens de Saint-Jean-Baptiste soient un peu impies : en 1880, ils ont refusé la « répartition », une cotisation volontaire, pour payer la construction de leur église. Leur refus a obligé la ville à payer l'église, ce qui a causé son naufrage financier.

Mal en prit aux paroissiens de Saint-Jean-Baptiste : les marguilliers de la paroisse obtiennent la permission de lever une répartition obligatoire de 115 000 $ pour payer la seconde église. La somme est faramineuse à l'époque : pour en juger, il suffit de

ÉGLISE SAINT-JEAN-BAPTISTE
309, rue Rachel Est, Montréal

Ci-dessus :
L'orgue.

Page suivante, en haut à gauche :
La chaire et son abat-voix.

Page suivante, en haut à droite :
Le chœur, le maître-autel et le baldaquin.

Page suivante, en bas à gauche :
Les fonts baptismaux.

Page suivante, en bas à droite :
Détail d'un chapiteau et de sa corniche.

rappeler que la ville de Saint-Jean-Baptiste avait dû accepter d'être annexée à Montréal à cause d'une dette de seulement 60 000 $.

L'architecte Casimir Saint-Jean reconstruit une église trapue à la nef très large qui accueille huit rangées de banquettes doubles. Les interminables galeries latérales contournent tout le chœur et peuvent accueillir plus de 1000 fidèles.

Cette église sobre serait sombre si de magnifiques vitraux ne diffusaient pas une lumière tamisée. Toute l'attention est reportée sur le maître-autel, en marbre de Carrare, qui est surmonté d'un immense baldaquin en simili-marbre, création de la maison Doprato, de Chicago.

L'orgue de l'église Saint-Jean-Baptiste, un Casavant restauré en 1995, est un des plus grands et peut créer des effets stéréophoniques. Son buffet est l'un des plus richement ornés au Québec.

ÉGLISE SAINT-CLÉMENT DE VIAUVILLE

EN 1899, l'architecte Joseph Venne récidive. Lui qui s'est signalé à Sacré-Cœur-de-Jésus en 1886 et qui réalisera la façade de Saint-Enfant-Jésus du Mile End en 1901, a la tâche de bâtir une église dans Viauville, une ville indépendante de l'est de l'île rendue prospère par l'industrie de la famille Viau, boulangers et fabricants de biscuits.

À cette époque, Charles-Théodore Viau possède une ferme de 700 acres, environ 2 km², où il élève des vaches à lait et des chevaux de race. Son père, Jean-Baptiste, avait fondé la Viau Biscuit Company en 1867 et Charles-Théodore utilise le lait de son troupeau laitier dans l'usine familiale.

Mais Viau fils voyant venir Montréal à grands pas vers l'est, comme il est propriétaire de vastes terrains, il a recours au stratagème du temps pour en faire grimper la valeur : il donne un terrain à la paroisse en retour de la promesse qu'on y érigerait une église. Dès qu'on annonçait la construction d'une maison de Dieu quelque part, le bon peuple se précipitait pour acheter à prix fort des terrains tout autour et y ériger qui sa maison, qui son commerce.

Il fut décidé que Saint-Clément serait une grande église de 4 500 m² (48 420 pi²) de surface. Pour une des rares fois dans l'histoire de la construction de nos églises, un architecte d'ici s'inspire de l'américain Henry-Hobson Richardson, architecte à la mode chez nos voisins. Seul Jos Venne pouvait le faire.

Venne produit un plan étonnant : l'église Saint-Clément est de style néo-roman, toute en arches et en demi-arches qui donnent,

ÉGLISE
SAINT-CLÉMENT DE VIAUVILLE
4901, rue Adam, Montréal

somme toute, un air éthéré à ce temple dans lequel on a l'impression de flotter. Comme il est dépourvu de colonnes, le navire est libre et dégagé et se rallie à l'art nouveau. Des vitraux de Guido Nincheri renforcent cette impression.

La façade, stylisée mais de bon goût, comporte des colonnes latérales et trois grandes portes surmontées de rosaces élégantes.

Ci-dessus :
La sainte réserve, le vitrail de l'Annonciation, œuvre de Guido Nincheri, et détail de la voûte de la nef.

Page précédente :
L'orgue et le chœur.

ÉGLISE SAINT-CLÉMENT DE VIAUVILLE

ÉGLISE SAINT-LÉON DE WESTMOUNT

Si Montréal se développe vers l'est à la vitesse d'un feu de brousse, il en va autrement de l'ouest où s'est cantonnée la classe dirigeante. Néanmoins, en 1901 on construit pour les catholiques de Westmount, tant francophones qu'anglophones, une belle et grande église qui portera le nom de Saint-Léon, en rappel de ce pape canonisé qui vécut de 440 à 461.

L'église Saint-Léon est vaste : son aire dépasse les 4 600 m² (49 496 pi²). Conçue par l'architecte Georges-Alphonse Monette, qui a construit plusieurs églises, notamment l'église Saint-Pascal-Baylon, elle est, avec Saint-Germain d'Outremont, une des rares églises de style néo-roman à Montréal.

Le style roman s'est formé vers l'an mil et il est dérivé de l'art latin ou romain et de l'art byzantin. Il se caractérise par des voûtes de pierre qui reposent sur de puissants piliers et qui sont épaulées par des murs épais et des contreforts. Les nefs centrales sont grandes mais les collatéraux sont de simples passages ou des petites nefs. Ces nefs aboutissent à un transept dont les angles peuvent être arrondis en absidioles, et au chœur circulaire qui constitue l'abside générale.

L'église Saint-Léon de Westmount correspond en tous points à cette description; même le transept est arrondi. Les piliers, qui doivent répondre à la poussée oblique des voûtes ceintrées demi-circulaires, sont cruciformes pour soutenir les doubleaux et les grandes arcades. Le transept est ici surmonté d'une voûte très articulée. C'est une voûte d'arêtes formée par la pénétration de deux berceaux en plein centre, se coupant à angle droit, qui

ÉGLISE SAINT-LÉON DE WESTMOUNT
4311, boulevard de Maisonneuve Ouest
Westmount

Ci-dessus :
Détail de la table de communion en marbre.

donnent un effet particulier. On voit ici comment la rencontre de deux berceaux produit deux arêtes qui délimitent quatre portions de voûtes ou voûtains.

La forme et l'agencement des motifs néo-romans des lucarnes animent le volume rigide de cette construction. Trois fenêtres cintrées occupent la lucarne centrale, reprenant le motif du portique.

Saint-Léon représente la plus somptueuse église de Montréal en ce qui concerne le choix des matériaux. Ses murs intérieurs et ses colonnes sont recouverts de pierre, à l'européenne ; cette pierre est importée de Savonnières, dans le département de la Meuse, en France. L'autel, la chaire et les confessionnaux sont en marbre aux dessins en mosaïque de Florence. Les bancs, les stalles et les portes sont en noyer du Honduras, sculptés par Alviero Marchi, de Prato en Toscane. Le chemin de la croix, réalisé par un atelier de Florence, est en bronze coulé. En bronze également, les portes des confessionnaux et celles de la balustrade de communion.

Ci-dessus :
L'orgue.

On fera appel au meilleur artiste italien pour décorer ce riche temple. Guido Nincheri, l'artiste de l'heure, est un vrai maître : à la fois architecte, sculpteur, peintre, portraitiste, décorateur, fresquiste et même peintre verrier. Originaire de Florence, il connaît bien le style roman et sait exploiter ses voûtes, ses voûtains et ses formes rondes qui requièrent des décors d'une plantureuse abondance.

C'est à Saint-Léon, mieux que n'importe où ailleurs en Amérique, que le mot fresque revêt son sens précis. De nos jours, on utilise ce mot pour toute décoration murale; c'est une erreur. Le mot fresque vient de l'italien *fresco* qui signifie frais. La fresque est une œuvre constituée de peinture appliquée directement sur du plâtre frais du jour. Michel-Ange et Raphaël peignaient à la fresque. La technique de la fresque est sans rivale : elle donne aux couleurs un charme mystérieux, inimitable. La couleur imprègne, sature le plâtre frais et confère aux tableaux l'aspect mat et profond des tapis d'Orient.

Ci-dessus :
La voûte du chœur et la croisée du transept.

Page précédente :
Confessionnal surmonté de la statue de sainte Anne, le maître-autel, la chaire et l'autel de la Vierge.

La voûte du chœur, les voûtains du transept de Saint-Léon présentent une série interminable de scènes et de personnages sacrés. Ainsi, le pape Léon, qui domine le maître-autel, est entouré d'une foule comprenant Attila chez les Huns, Valentinien maniant les faisceaux et les aigles romaines, Théodose-le-Jeune en costume oriental, l'impératrice Eudoxie, épouse de Valentinien III, et ses deux filles, des évêques et des théologiens du concile de Chalcédoine, des moines de Palestine et d'Afrique et même saint Pierre qui se penche depuis la porte du Paradis et en offre les clés à son successeur!

Pour ne pas être en reste, les voûtains accueillent les 24 vieillards de l'Apocalypse, prosternés ou debout, avec des harpes et des couronnes, et une multitude d'anges. Enfin, dix médaillons sont consacrés aux Patriarches, aux Prophètes, aux Vierges, aux Martyrs et aux Confesseurs.

Même les verrières ont été dessinées par Guido Nincheri.

ÉGLISE DU TRÈS-SAINT-NOM-DE-JÉSUS

Es lecteurs se rappelleront que, lors de la construction de l'église de la Nativité-de-la-Sainte-Vierge d'Hochelaga, en 1876, les ecclésiastiques de cette agglomération rêvent d'en faire une cathédrale et n'ont pas hésité à lui en donner la taille.

Les idées de grandeur ont la vie dure : un quart de siècle plus tard, cette vision hante toujours les hommes d'église et elle refait surface quand vient l'heure, en 1903, de dessiner les plans d'une église destinée à la population de la nouvelle paroisse Maisonneuve. Jusque-là annexée à Hochelaga, à la suite de l'explosion démographique causée par l'industrialisation du « Far-East », Maisonneuve est constituée en paroisse en 1892.

Il tardait aux marguilliers de faire disparaître la chapelle temporaire érigée en 1888 et d'ériger une cathédrale à sa place. Nous disons cathédrale car il ne fut jamais question, en cette époque où tous les espoirs sont permis, de construire quoi que ce soit qui fut en deçà. L'idée est tellement bien ancrée qu'encore aujourd'hui, les paroissiens de ce charmant quartier parlent toujours de leur « cathédrale ».

Si l'église du Très-Saint-Nom-de-Jésus n'est pas une vraie cathédrale, avec son aire de près de 5 000 m² (53 800 pi²) et ses riches décorations, elle en a tout au moins la taille et l'opulence. La construction est effectuée selon les plans d'Albert Mesnard et Charles Reeves. Elle débute en 1903 et se termine pour l'essentiel en 1906. Les travaux ont produit un temple étonnant, de style

ÉGLISE DU
TRÈS-SAINT-NOM-DE-JÉSUS
1465, rue Desjardins, Montréal

Ci-dessus, à gauche :
La nef et les bas-côtés.

Ci-dessus, à droite :
Détail d'une colonne et d'un chapiteau de la nef.

romano-byzantin, caractérisé par une voûte cintrée bien appuyée sur des colonnes dégagées et des arches latérales semi-circulaires.

La construction terminée, il fallait décorer. En 1913, on confie à un peintre québécois du nom de Toussaint-Xénophon Renaud le soin d'orner les voûtes de tableaux appropriés. On ajoute plus tard un tableau représentant La Pentecôte du talentueux Georges Delfosse. Renaud aime les dorures et il en use abondamment, toutes en feuilles d'or à 24 carats, rien de moins!

On a doté cette église d'immenses fenêtres afin de les orner de vitraux. Comme rien n'est trop beau pour la gloire du Seigneur, on commande des vitraux à la maison Vennat qui

transmet la requête à un fabricant de Limoges. Or, puisque la Première Guerre mondiale vient d'être déclarée et que le plomb est réquisitionné en France pour la défense des citoyens, lesdits vitraux, magnifiques d'ailleurs, sont fabriqués et livrés à Montréal en secret. Cependant, à leur arrivée dans le port, quand on les présentera à la presse, le scandale éclatera de part et d'autre de l'Atlantique!

Une des inventions de cette époque qui fait rage est le cinéma muet où la musique joue un rôle important. Ne reculant devant aucune dépense et pour faire moderne, on dote la « cathédrale » du Très-Saint-Nom de Jésus de l'orgue le plus puissant au Canada

Ci-dessus :
Les deux buffets de l'orgue.

Page suivante, en haut à gauche :
Le maître-autel.

Page suivante, en haut à droite :
Le couronnement du retable du maître-autel.

Page suivante, en bas à gauche :
Vitrail d'un bas de transept.

Page suivante, en bas à droite :
Détail d'un vitrail.

Ci-dessus :

Tableau représentant l'Annonciation, œuvre de Toussaint-Xénophon Renaud.

et du sixième plus puissant au monde[1] : un Casavant de quatre claviers de 90 jeux. Cet instrument est d'ailleurs pourvu de tuyaux tant dans le chœur que dans le jubé, le tout est relié par une soufflerie. Le but recherché : faire des effets stéréophoniques!

Il semble que dans cette église on ait trop investi sur la terre et pas assez en dessous. Les fondations sont posées sur un sol instable et on a dû, dans les années 1970, consolider la structure à l'aide de solides câbles d'acier qui se croisent au-dessus du transept. Avec le temps, l'orgue s'est empoussiéré et il est devenu muet. Aux dernières nouvelles, il était en restauration, mais l'on craint maintenant que sa puissante voix ne fasse éclater les vitraux…

[1] Les cinq plus grands orgues au monde à cette époque étaient les suivants : celui de l'église Saint-Michel à Hambourg, 163 jeux; celui de la cathédrale de Riga, en Russie, 124 jeux; celui de l'église Saint Paul à Toronto, un Casavant de 107 jeux; celui de la cathédrale Saint John the Divine à New York, 106 jeux; celui de l'église Saint-Sulpice à Paris, 100 jeux.

ÉGLISE SAINTE-CUNÉGONDE

Evenons maintenant vers l'ouest de la ville où, en 1906, on charge l'architecte Joseph-Omer Marchand, qui sera l'associé du vieux constructeur Joseph Venne dans la préparation des plans de nombreuses églises, de dessiner une grosse église de 4 700 m² (50 572 pi²) Pour la ville de Sainte-Cunégonde.

Sainte-Cunégonde, auparavant appelée Village Delisle, est à l'époque la plus petite ville de l'île : elle ne compte que 50 hectares. L'église de Sainte-Cunégonde sera la deuxième à être construite depuis la fondation de cette paroisse. La première église, qui avait un très beau clocher, construite en 1877, a été la proie des flammes.

Joseph-Omer Marchand est le premier architecte québécois à recevoir son diplôme de l'École des Beaux-Arts de Paris. De retour chez nous, il se taille rapidement une solide réputation en tant que spécialiste des styles ecclésiastiques. Parmi ses réalisations, on compte la cathédrale de Saint-Boniface, au Manitoba, la remarquable chapelle du Grand Séminaire de Montréal, le campanile de l'église de Notre-Dame-de-Toutes-Grâces et la reconstruction, en collaboration avec l'architecte John-A. Pearson, du parlement d'Ottawa après l'incendie de 1916.

Le grand humoriste américain, Mark Twain, après avoir visité Montréal à la fin du siècle dernier, est très impressionné par la taille et le nombre de nos églises qui, autour du centre historique de la ville, se touchent presque les unes les autres. Il en avait conclu, dans son langage coloré, que « Montréal est la seule ville

Église Sainte-Cunégonde
2461, rue Saint-Jacques, Montréal

La voûte : l'Apothéose de sainte Cunégonde, par Georges Delfosse.

Ci-dessus :
Vue d'ensemble de la voûte.

au monde où un individu ne peut lancer un caillou sans briser un vitrail d'église! »

Sainte-Cunégonde est un autre exemple de nos énormes temples aux clochers de cuivre coloré par le vert-de-gris. À l'extérieur, cette église de pierre bosselée semble massive. Sa façade en pierre de taille, mise en valeur par le square d'Iberville en face, est impressionnante. Surmontée de deux clochers identiques, de type pavillon, elle est puissamment articulée par un portail monumental qui encadre l'entrée principale et une vaste rosace située directement au-dessus.

Le style utilisé par Marchand est le néo-baroque mais, comme on pouvait s'y attendre, exprimé à la manière de l'École des Beaux-Arts de Paris, dont l'influence se fait déjà sentir dans toute l'Europe. Aujourd'hui, on l'appelle simplement style beaux-arts.

ÉGLISE SAINTE-CUNÉGONDE

Ci-dessus, à gauche :
Détail des boiseries du chœur : la niche de la Vierge.

Ci-dessus, au centre :
Le maître-autel et son retable.

Ci-dessus, à droite :
Détail des boiseries du chœur : la niche de saint Joseph et sa statue en plâtre.

Page suivante, en haut :
Ensemble de la voûte et un des buffets de l'orgue.

Page suivante, en bas :
Le chemin de la croix, attribué à Delfosse, et un confessionnal.

Avec son style particulier et son toit mansardé, cette église surnommée la cathédrale de l'ouest présente un intérêt architectural certain. Elle se distingue par un plan basilical, donc sans transept, à abside cintrée. La voûte très haute, 98 pi (29,9 m), est dépourvue de colonnes et la nef est généreusement éclairée par une série de fenêtres hautes comme des édifices de trois étages, qui en font tout le tour.

La décoration de Sainte-Cunégonde est riche. Faite de tableaux et de fresques, elle reflète les goûts de l'époque. La chaire et les fonts baptismaux sont l'œuvre d'Elzéar Soucy, un sculpteur de talent. Elle possède l'un des plus beaux tableaux de Georges Delfosse. Il s'agit d'une immense toile marouflée, c'est-à-dire collée directement sur la maçonnerie. Cette Apothéose de sainte Cunégonde couvre presque toute la voûte de l'église.

Sainte-Cunégonde est, au tournant du siècle, une ville prospère. Sa situation financière se détériore et elle est annexée à la ville de Montréal. Cette partie de la ville est aujourd'hui le quartier de la Petite Bourgogne, qui a été détruit par la construction de l'autoroute Ville-Marie et la rénovation urbaine que cela entraîna.

Aujourd'hui presque désertée, l'église Sainte-Cunégonde est supportée financièrement par le Diocèse de Montréal. Son avenir est incertain.

ÉGLISE SAINT-ÉDOUARD

Avec le temps et la prospérité économique apportée par l'exploitation des carrières, les quartiers de la ville de Montréal contournent le mont Royal et se développent vers ce qu'on appelle alors le Petit Nord.

En 1895, le quartier Saint-Enfant-Jésus du Mile End devenu trop populeux, doit être scindé : l'archevêque de Montréal, monseigneur Fabre, crée alors la paroisse de Saint-Édouard. Douze ans plus tard, on procède à la construction d'une vaste église pour satisfaire non seulement les besoins religieux de la population, mais aussi ses besoins sociaux : ce temple sera jumelé à un centre de loisirs.

L'architecte Joseph-Arthur Godin est pressenti pour dresser les plans de cette église prometteuse. Toutefois, c'est à Joseph-Ovide Turgeon que revient le soin de faire les plans de l'église en 1907. Il choisit hardiment le style gothique. Comme ses deux fiers clochers s'élèvent à 210 pi (64 m) de hauteur, on peut voir cette église des quatre coins de la paroisse.

La voûte très haute entrecroise ses arches élancées au-dessus du transept et les voûtains sont décorés de peintures exécutées par Joseph Richer, un peintre de Saint-Hyacinthe. Cette voûte en bleu et or rappelle d'ailleurs celle de l'église Notre-Dame qui demeure toujours le modèle qu'on tente de surpasser, sinon d'imiter.

C'est un élève de Victor Bourgeau, Lucien Benoit, qui a confectionné les autels. Le chemin de la croix en stuc a été produit par la maison Bouriché, d'Angers, en France.

ÉGLISE SAINT-ÉDOUARD
6500, rue Saint-Vallier, Montréal

JESUS DESCENDU DE LA CROIX.

Ci-contre :
L'autel latéral de gauche, dédié à la Vierge, œuvre de Lucien Benoit.

Page précédente, en haut à gauche :
La nef, vue de l'entrée.

Page précédente, en haut à droite : L'orgue.

Page précédente, en bas à gauche :
La nef, vue du bas-côté de droite.

Page précédente, en bas à droite :
Le chemin de la Croix, œuvre de l'atelier de Henri Bouriché.

ÉGLISE SAINT-ÉDOUARD

ÉGLISE SAINT-PAUL

A paroisse de la Côte-Saint-Paul est fondée en 1874. Une première église, en pierre, et un presbytère sont érigés peu de temps après pour desservir les fidèles.

En 1887, les sœurs de la Congrégation Notre-Dame demandent au célèbre architecte Victor Bourgeau de construire un couvent à proximité de la première église. Ce sera le pensionnat Notre-Dame-du-Rosaire. Mais, le malheur s'abat sur la jeune paroisse : le 21 juillet 1899, au milieu de la nuit, la foudre détruit l'église et le presbytère.

À la même époque, la population de Côte-Saint-Paul devenue trop nombreuse, monseigneur Paul Bruchési se voit dans l'obligation de démembrer la paroisse : une partie devient Verdun et l'autre partie, appelée village Turcot, est annexée à la paroisse Sainte-Élisabeth-du-Portugal qui deviendra Ville-Émard.

La population est réduite mais l'économie s'avère florissante : dans un pays en construction, les outils se vendent facilement. Or, c'est à Côte-Saint-Paul que se trouvent la plupart des manufactures de clous, de haches, de pelles et d'outils de tous genres.

La population se met donc vaillamment à la tâche et refait une nouvelle église en se servant des murs de pierre qui sont restés debout. Mais le malheur s'acharne sur cette paroisse : la deuxième église brûle en 1907.

On demande donc à l'architecte Joseph-Arthur Godin de construire une autre église. Cette fois, elle sera faite d'acier et de béton armé.

ÉGLISE SAINT-PAUL
1690, avenue de l'Église, Montréal

CHEVALIERS
DE
COLOMB
FAMILLE
WILFRID CYR
PAROISSIEN

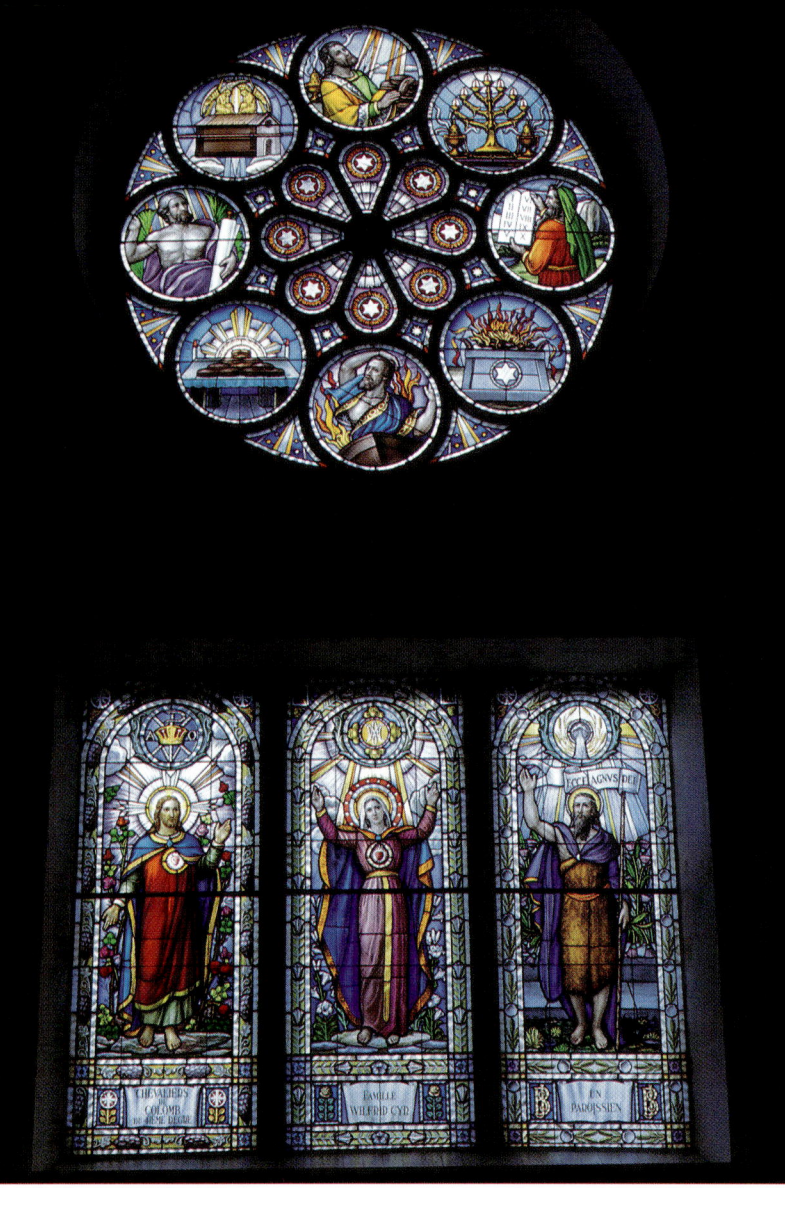

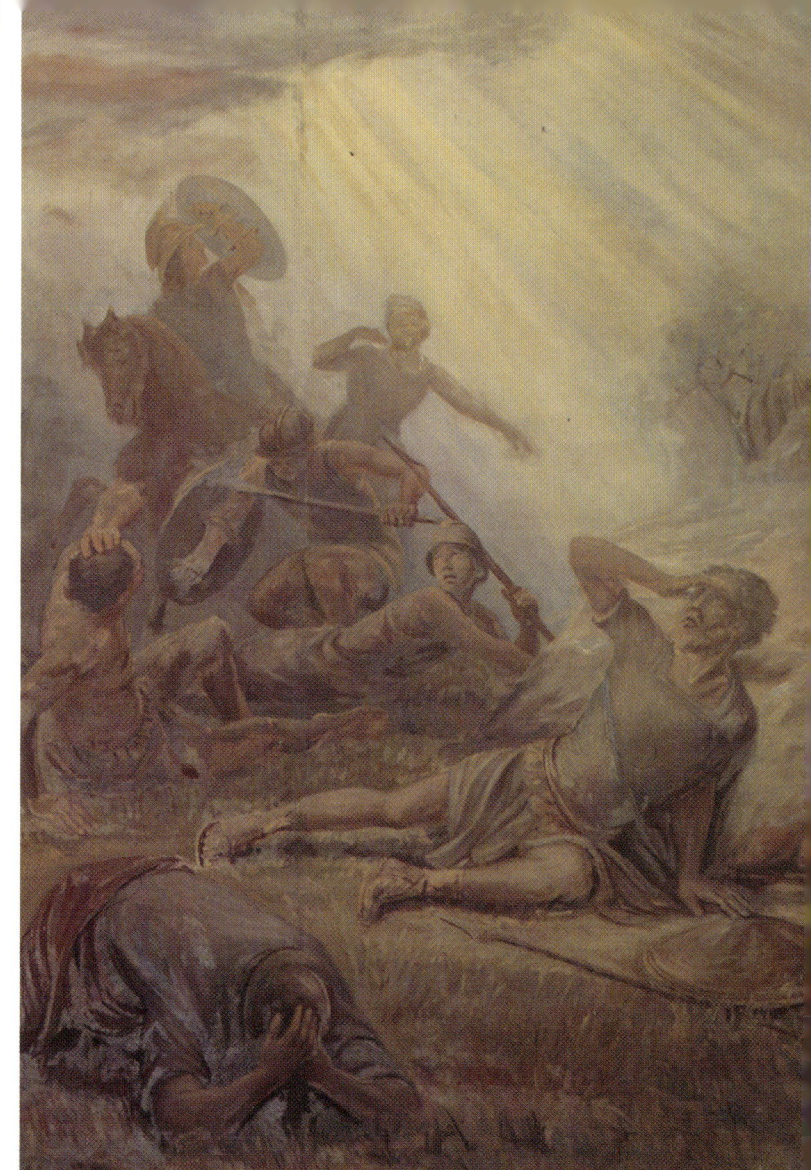

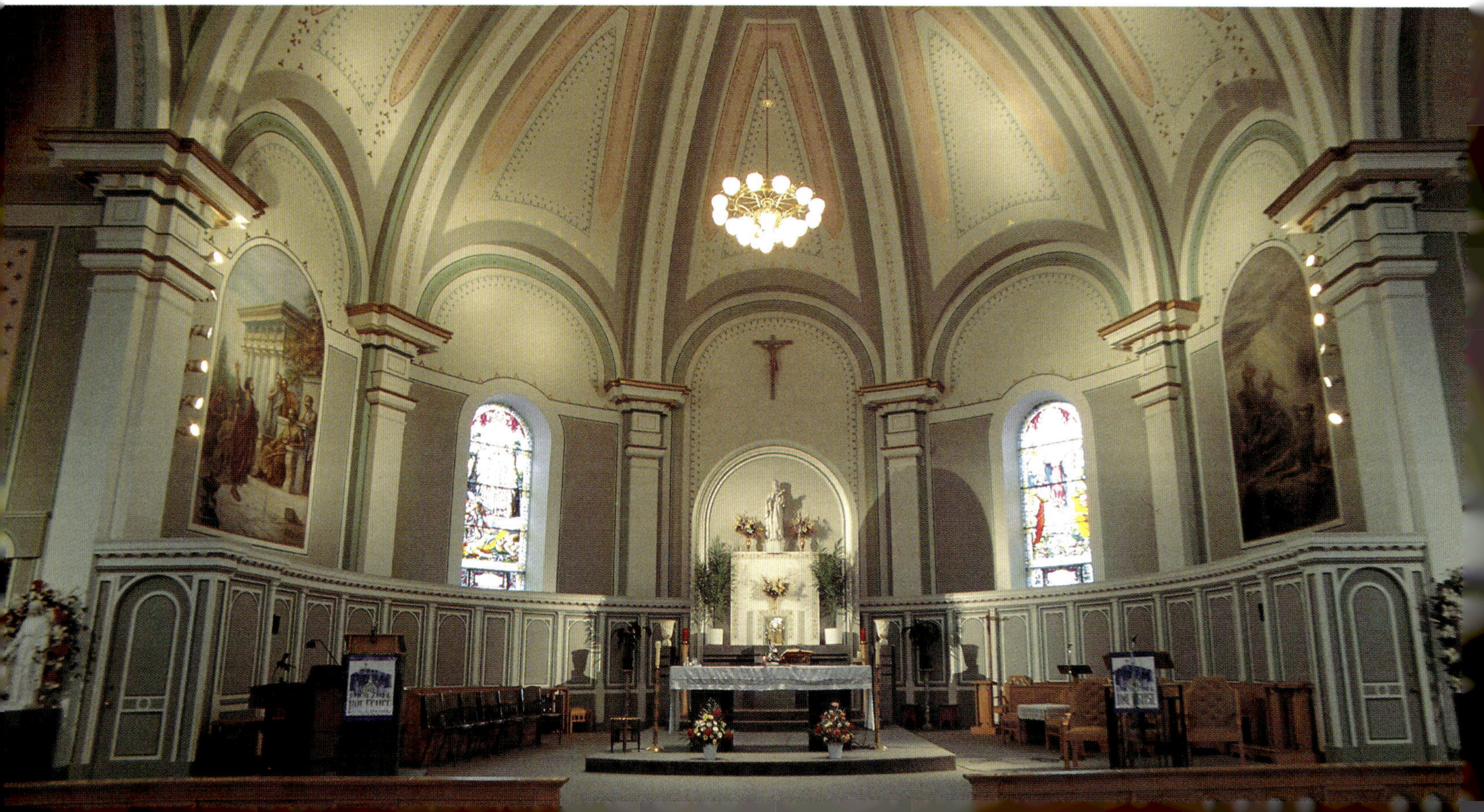

En 1910, on demande à l'architecte Joseph-Émile Vanier de construire l'hôtel de ville. Aujourd'hui, l'église, le couvent et l'hôtel de ville de Côte-Saint-Paul constituent un ensemble d'une grande valeur patrimoniale.

L'église est dotée d'une façade présentant une composition d'esprit beaux-arts, variation sur le thème de l'arc de triomphe. La partie centrale, percée d'une grande rosace, est flanquée de deux tours surmontées chacune d'un clocher.

L'intérieur de l'église est composé d'une nef, d'un chœur et de deux transepts. Le décor intérieur met en valeur les éléments architectoniques de l'ensemble. Ses vitraux ont été dessinés par Guido Nincheri et elle abrite un tableau de Georges Delfosse.

Ci-dessus, à gauche :
Détail de la table de communion.

Ci-dessus, à droite :
Détail des stalles et du lambris du chœur.

Page précédente, en haut à gauche :
Vitrail, par Guido Nincheri.

Page précédente, en haut à droite :
La Conversion de saint Paul, par Georges Delfosse.

Page précédente, en bas :
Vue du chœur.

ÉGLISE SAINT-STANISLAS-DE-KOSTKA

Au début du XXe siècle, sur le boulevard Saint-Joseph, s'est implantée une société canadienne-française de professionnels et de marchands assez cossue comme en témoignent les résidences qui, aujourd'hui encore, font la fierté de leurs propriétaires.

En 1910, monseigneur Paul Bruchési, archevêque de Montréal, décide de fonder une paroisse dans ce quartier. Il démembre donc la paroisse Immaculée-Conception pour constituer la paroisse de Saint-Stanislas-de-Kostka. Il nomme l'abbé Joseph-Vincent Piette, qui deviendra plus tard recteur de l'Université de Montréal, curé de la nouvelle paroisse. L'abbé Piette, qui avait des idées de grandeur, fait appel à l'architecte Alphonse Venne, de la grande famille Venne qui nous donnera de nombreuses églises, pour construire un temple qui exprime bien la fierté des paroissiens.

Comme on peut s'y attendre, un Venne n'hésite pas à produire les plans d'un temple gigantesque.

L'église Saint-Stanislas-de-Kostka est énorme : son plancher fait 5 905 m² (63 538 pi²). Le style romano-byzantin de ce temple s'inscrit dans la période beaux-arts : cette période où l'École des Beaux-Arts de Paris étendait son influence dans toute l'Europe et même jusque chez nous.

Les immenses arches semi-circulaires donnent à ce temple un air majestueux. Les arcades latérales plein cintre sont intéressantes. La chapelle des mariages est exceptionnelle.

En 1917, un incendie détruit la majeure partie de l'église supérieure qui sera reconstruite dans ces murs par Venne.

ÉGLISE SAINT-STANISLAS-DE-KOSTKA
1350, boulevard Saint-Joseph Est, Montréal

Ci-dessus :
L'orgue et les tribunes arrières.

Page suivante, en haut à gauche :
La chaire.

Page suivante, en haut à droite :
L'autel de la Vierge.

Page suivante, en bas à gauche :
Détail des arcades et de la colonnade de la nef.

Page suivante, en bas à droite :
Le baldaquin du maître-autel.

L'intérieur est redécoré en 1922 par la maison Carli et Petrucci. Ce décor est très simple, très sobre. La Première Guerre mondiale a refroidi les esprits et les années de folle exubérance en décoration sont passées.

Seuls subsistent deux éléments de décoration fort spectaculaires : à l'extérieur, un immense toit de cuivre refait en 1995, et, à l'intérieur, une fabuleuse verrière qui occupe tout le dôme du transept.

L'Église Saint-Stanislas-de-Kostka est dotée d'un orgue de marque Casavant de trois claviers et 56 jeux qui a été restauré.

ÉGLISE SAINT-VIATEUR D'OUTREMONT

Armi les plus belles grandes églises de l'île de Montréal, on compte l'église Saint-Viateur d'Outremont, construite en 1911, dans la foulée du Congrès eucharistique de Montréal en 1910. Nous sommes donc en toute fin de l'ère des églises-cathédrales si chères à l'archevêque du temps, monseigneur Paul Bruchési. C'est la guerre qui mettra fin à cette époque glorieuse.

Monseigneur Paul Bruchési est un ancien de Saint-Sulpice de Paris. Ordonné à Saint-Jean-de-Latran, les nombreuses visites qu'il fait durant son long séjour en Europe, tant aux musées qu'aux églises du continent, influenceront l'art religieux et la construction des églises d'ici.

Saint-Viateur d'Outremont est une vaste église de 4 278 m² (46 031 pi²), œuvre des architectes Louis-Zéphirin Gauthier et Joseph-Égide-Césaire Daoust. De style néo-gothique, doté d'arches très élancées, ce temple a été magnifiquement décoré par le grand maître Guido Nincheri qui a également signé les cartons des vitraux.

Les boiseries sont en chêne, œuvre de Philibert Lemay, et les statues originales étaient en plâtre. En 1950, le célèbre sculpteur Médard Bourgault est invité à remplacer celles-ci par des statues de bois qui représentent maintenant l'un des nombreux attraits de cette église somptueuse.

ÉGLISE SAINT-VIATEUR D'OUTREMONT
183, rue Bloomfield, Outremont

Ci-dessus, à gauche :
Un des buffets de l'orgue.

Ci-dessus, à droite :
Voûte du bas-côté de gauche vers l'arrière.

Ci-contre :
Détail de la table de communion, par Philibert Lemay.

Page précédente, en haut à gauche :
La voûte du bas-côté gauche vers l'avant.

Page précédente, en haut à droite :
Vitrail du transept dessiné par Guido Nincheri.

Page précédente, en bas à gauche :
La chaire.

Page précédente, en bas à droite :
Détail de la chaire, une des statuettes.

ÉGLISE NOTRE-DAME-DES-SEPT-DOULEURS

A paroisse Notre-Dame-des-Sept-Douleurs se détache de Côte-Saint-Paul en 1899 à la suite de l'incendie de l'église Saint-Paul. Les gens, qui occupent le territoire actuel de Verdun, se voyant dans la perspective de devoir bientôt payer une église neuve située loin de chez eux, décident de bâtir leur propre église.

Il faut croire que monseigneur Paul Bruchési, archevêque de Montréal, était en accord avec leur décision puisqu'il l'entérine en moins d'un mois. Verdun est alors en pleine explosion démographique : sa population double entre 1899 et 1903, puis triple entre 1903 et 1910 pour atteindre alors 6 025 âmes. Deux ans plus tard, elle se chiffre à 9 098 citoyens !

Une société aussi dynamique pouvait offrir le plus beau château à son Dieu : elle fait appel à nul autre que Joseph Venne, architecte bien connu pour ses excès d'enthousiasme, afin qu'il donne une fois de plus la preuve de son talent. Il ne demandait pas mieux.

L'église Notre-Dame-des-Sept-Douleurs est, selon la mode du temps, une église immense et magnifique. Jos Venne, qui ne craignait pas de mélanger les genres – nous l'avons constaté avec la façade de l'église Saint-Enfant-Jésus du Mile End –, créa un temple de style néo-baroque à l'intérieur et néo-classique à l'extérieur.

Les voûtes plein cintre ont été peintes par Louis-Eustache Monty. Les autels, de marbre de Carrare et de stuc, ont été exécutés par la maison Daprato au coût de 32 000 $, une somme faramineuse à l'époque.

ÉGLISE
NOTRE-DAME-DES-SEPT-DOULEURS
4155, rue Wellington, Verdun

Ci-contre :
Le maître-autel et son retable.

Page précédente, en haut à gauche :
L'autel du Sacré-Cœur et les fonts baptismaux.

Page précédente, en haut à droite :
L'autel de saint Joseph.

Page précédente, en bas à gauche :
L'arrière et l'orgue.

Page précédente, en bas à droite :
La chaire.

ÉGLISE NOTRE-DAME-DES-SEPT-DOULEURS

Le maître-autel mesure à lui seul 42 pi (12,8 m) de hauteur et 25 pi (7,6 m) de largeur. La Vierge et les Anges du sommet sont en marbre, la cène et les chapiteaux des colonnes sont du même bronze doré et ciselé que les portes des tabernacles. Les mosaïques sont en verre florentin et en verre émaillé vatican.

On peut mesurer la foi des fidèles verdunois en rappelant que la dette engendrée par la construction de cette église princière ne sera totalement remboursée qu'en 1924. Plus encore, cette même année, une souscription pour l'acquisition de cloches dignes de l'immeuble rapportera 15 000 $ supplémentaires. Dans les clochers de cette église retentit un carillon de 18 cloches.

En 1929, on a doté le sanctuaire de cette église déjà somptueuse de verrières représentant les mystères du Rosaire.

Ci-dessus, à gauche :
Détail de la corniche et d'un chapiteau de pilier.

Ci-dessus, à droite :
Vitrail du couronnement de la Vierge, dans le chœur.

Page précédente, en haut à gauche :
Détail des piliers de la nef.

Page précédente, en haut à droite :
Le bas-côté de droite vu du chœur.

Page précédente, en bas :
L'ensemble de l'intérieur.

ÉGLISE SAINT-IRÉNÉE

N peut le constater en comparant la date de création des paroisses et celle de la construction de leur église, l'expansion de Montréal ne s'est pas faite par un élargissement graduel. Des noyaux importants se sont constitués le long du Saint-Laurent de part et d'autre du Montréal historique, puis des maisons ont été construites dans les aires libres. Ainsi, l'église de Côte-Saint-Paul est antérieure à celle de Verdun et cette dernière a vu le jour avant l'église Saint-Irénée située pratiquement en face du marché Atwater, donc relativement proche du centre-ville.

Saint-Irénée est une église plutôt humble. Humble par sa taille, avec ses 2 472 m² (26 599 pi²), et humble par son décor. Ce qui ne lui enlève rien du charme qui lui est propre.

Il s'agit d'une église de style néo-classique, période beauxarts. Comme beaucoup d'autres temples de son temps, elle est victime des flammes peu d'années après sa construction. Alors qu'en 1903, c'est Albert Mesnard et Charles Bernier qui l'avaient dessinée, en 1912, c'est aux architectes Honoré Mc Duff et Ludger Lemieux qu'on demande de la refaire.

Les arches plein cintre de l'église Saint-Irénée reposent sur des colonnes en trompe-l'œil. C'est ainsi que l'on désigne ces colonnes en faux marbre, une technique nouvelle que l'on retrouvera désormais à travers tout le Québec.

Les tableaux religieux, de Charles-Édouard Chabauty, sont marouflés, c'est-à-dire collés directement sur le plâtre. Les grands artistes snobaient cette technique : Michel-Ange la décriait en

ÉGLISE SAINT-IRÉNÉE
3030-44, rue Delisle, Montréal

déclarant qu'elle était l'apanage des paresseux parce qu'elle permettait à l'artiste de travailler à l'aise dans son atelier, et non en haut d'un échafaudage. Guido Nincheri pensait de même.

Mais la technique du marouflage était fort utile et, lorsque le tableau est disposé au fond d'une niche comme à Saint-Irénée, bien malin celui qui peut détecter la différence.

Cette église sans transept est particulièrement bien éclairée par de très hautes fenêtres latérales. Le maître-autel est orné de statues des quatre évangélistes. Quant au rétable, il est décoré d'arcades dentelées, œuvre typique de Ludger Lemieux.

Mais les éléments les plus originaux de l'église Saint-Irénée sont ses deux clochers de hauteur inégale qui ont un petit air exotique et byzantin.

Ci-dessus :
Vue d'ensemble de l'intérieur.

Page précédente, en haut à gauche :
Le maître-autel et son tableau patronymique.

Page précédente, en haut à droite :
Détail d'une colonne et du bas-côté gauche.

Page précédente, en bas :
Le tabernacle du maître-autel.

ÉGLISE SAINT-EUSÈBE-DE-VERCEIL

Omme on l'a vu jusqu'à présent, l'île de Montréal ne manque pas d'églises. Pourtant, la ville continue de se développer à l'intérieur de ses frontières; des paroisses sont démembrées pour former de nouvelles paroisses et les églises surgissent de partout. Il règne un optimisme apparemment irréversible.

En 1896, monseigneur Fabre, archevêque de Montréal, démembre la paroisse Saint-Vincent-de-Paul, trop peuplée, mais c'est à son successeur, monseigneur Paul Bruchési, que revient l'honneur de former la nouvelle paroisse l'année suivante.

On offre le service aux âmes à partir d'une chapelle temporaire, puis en 1913, en plein dans la période de boom économique qui précède la Première Guerre mondiale, on confie à l'architecte Aristide Beaugrand-Champagne la réalisation de sa première église. Beaugrand-Champagne deviendra un architecte connu que nous retrouverons d'ailleurs dès le chapitre prochain. Mais n'anticipons pas sur la suite.

Cette église portera le nom de Saint-Eusèbe-de-Verceil. On en commence la construction en 1913, mais les travaux sont suspendus le 8 février 1914 pour la raison que l'on connaît; ils ne seront parachevés qu'après la guerre.

Mis à part les contrats d'usage, les archives contiennent très peu de renseignements sur les événements entourant la construction de ce temple par ailleurs fort élégant.

L'église Saint-Eusèbe-de-Verceil est de style néo-roman à l'extérieur, mais néo-classique avec influence néo-renaissance à l'intérieur.

ÉGLISE SAINT-EUSÈBE-DE-VERCEIL
2151, rue Fullum, Montréal

Sa voûte plein cintre est haute et bien dégagée. Elle repose sur des piliers ornés de feuilles d'acanthe et sur des arches latérales qui encadrent des vitraux intéressants dont on ne connaît pas l'auteur.

Toute cette église est d'ailleurs abondamment éclairée non seulement par de grandes fenêtres à vitraux, mais aussi par une série de fenêtres à la hauteur des galeries et des rosaces fort réussies à la hauteur du transept.

Le chœur en demi-cercle encadre un maître-autel d'une grande simplicité. Cette église sera terminée après la fin du premier grand conflit mondial et on sent pour la première fois dans la construction d'une de nos célèbres églises que la population a perdu sa belle insouciance. Cette première impression se confirmera par la suite.

Ci-dessus, à gauche :
L'apothéose de saint Eusèbe, dans la voûte de la nef.

Ci-dessus, à droite :
Vitrail de l'Adoration des mages, par la maison Hobbs.

Page précédente, à gauche :
Colonnade de la nef.

Page précédente, en haut à droite :
Détail : anges en cariatide.

Page précédente, en bas à droite :
Le maître-autel et son baldaquin.

ÉGLISE ST. MICHAEL THE ARCHANGEL

'ARCHITECTE Aristide Beaugrand-Champagne n'a pas fini d'ériger l'église Saint-Eusèbe-de-Verceil quand il reçoit de la communauté irlandaise anglophone du nord de Montréal la commande d'une église qui sera bâtie expressément pour elle.

On est au début de 1914. La guerre vient d'éclater en Europe. Le moment ne peut pas être plus mal choisi pour construire quoi que ce soit. La construction d'autres églises, notamment Saint-Eusèbe-de-Verceil, est suspendue en février à cause du conflit dont l'ampleur paralyse même la société nord-américaine.

Mais ce serait bien mal connaître les Irlandais que de croire qu'un conflit, même d'envergure mondiale, peut les arrêter dans leurs projets. Cette communauté à l'entêtement proverbial s'était vue accorder une paroisse par monseigneur Paul Bruchési en 1902. On érige une chapelle temporaire, et on doit compter 12 ans de tergiversations et de négociations pour en arriver enfin à la construction d'une église permanente. La décision étant prise, on n'allait pas jeter la serviette.

On explique le fait du retard dans la prise de décision en raison de facteurs qui dépassaient le cadre religieux. La société de Montréal, et plus particulièrement des cantons d'Outremont et de Saint-Louis, est secouée par l'agitation sociale. Une agitation que l'on attribue à l'ordre secret des francs-maçons.

Le Grand Orient, un groupe maçonnique athée et anticlérical puissant, fait campagne contre le Congrès eucharistique. La rumeur publique lui attribue la profanation d'une église sur la rue Boucher et la mise à feu de plusieurs autres dans l'est de la ville.

ÉGLISE ST. MICHAEL THE ARCHANGEL
5580, rue Saint-Urbain, Montréal

Ci-dessus :
La coupole, peinte par Guido Nincheri.

Page suivante :
Détail de la croisée du transept.

Compte tenu de ces agitations, l'archevêque, monseigneur Georges Gauthier, après en avoir discuté avec l'architecte Beaugrand-Champagne, en est venu à la conclusion qu'il fallait bâtir une église à l'épreuve du feu. Le matériau qui s'impose donc est le béton armé.

Or, on commence à peine à découvrir les possibilités architecturales de ce matériau. Le béton est, somme toute, un matériau très léger. Il est surtout incompressible, ce qui permet, quand on lui donne la forme appropriée, de bâtir d'immenses structures sans colonnades. Exploitant cet avantage, on convient de donner au nouveau temple un style néo-byzantin, c'est-à-dire dépourvu de colonnes.

Un vitrail du transept.

La possibilité de bâtir un temple immense sans colonnes frappe beaucoup l'imagination des ingénieurs du temps. La Canadian Society of Civil Engineers ne tarit pas d'éloges quand surgit de terre cette église dont les formes nous étonnent encore aujourd'hui. À cette époque, son dôme est le plus grand à Montréal.

Pour l'église St. Michael the Archangel, l'architecte s'inspire de la basilique Sainte-Sophie de Constantinople et de la basilique Saint-Marc à Venise. Il recouvre l'extérieur de briques, une première au Québec, et exécute des motifs en terra-cotta.

Son dôme semi-sphérique de 75 pi (22,9 m) de diamètre est percé de 24 fenêtres. Il surplombe une nef immense de forme carrée éclairée par d'immenses rosaces latérales semi-circulaires et, en façade, par une rosace circulaire.

Bien que le style byzantin domine, on retrouve dans l'église St. Michael des éléments gréco-romains et même orientaux, comme son clocher en forme de minaret de 160 pi (48,8 m) de hauteur.

Ci-dessus, à gauche :
Le tabernacle du maître-autel.

Ci-dessus, à droite :
La chaire.

La guerre ayant plongé le pays dans une crise économique profonde, il faut compter sur l'apport économique des riches familles irlandaises pour sauver l'église de la faillite. Plus tard, en 1925, on fait appel au désormais célèbre Guido Nincheri pour décorer le sanctuaire et le dôme. L'artiste prolifique exécute une Apothéose de saint Michel et une Glorification du Mystère eucharistique hautes en couleur.

Le mobilier de St. Michael est sobre. Le maître-autel est en marbre de Vérone. La table de communion est en marbre de couleur avec médaillons. Un orgue de bonne taille complète le tout.

Une église d'allure aussi cosmopolite allait attirer des fidèles d'autres nationalités. Au moment où la population irlandaise commence à décliner, c'est la communauté polonaise qui prend la relève. Ses formes allaient aussi plaire à une communauté québécoise « pure-laine » : la cathédrale de Sainte-Thérèse-d'Avila d'Amos est sa réplique parfaite.

ÉGLISE SAINT-PIERRE-CLAVER

Ue de l'extérieur, l'église Saint-Pierre-Claver n'est pas de celles qui attirent l'attention. Pourtant très vaste avec ses 6 057 m² (65 173 pi²), elle manque de cette fierté qui caractérise celles qui ont été érigées jusqu'alors. Peut-être à cause de ses deux tours carrées dont on espère vainement qu'elles vont s'élancer dans le ciel comme de vrais clochers par quelque beau jour de printemps.

Ce repli sur soi trahit bien la morosité qui assaille la population de cette paroisse, comme celle de tout le pays, au moment de la construction : entre 1915 et 1917. Les nôtres meurent au front et on n'a pas le cœur à pavoiser.

Même l'architecte Joseph Venne, dont on connaît bien les excès, doit cette fois séquestrer la « folle du logis », en cela sans doute aidé par son collègue Joseph-Omer Marchand. Il réalise plutôt un temple de style italien néo-renaissance, sobre, réservé, mais richement décoré. Comme les anciennes basiliques romaines, et plus particulièrement comme Saint-Paul-hors-les-murs dont elle est directement inspirée, cette église est spacieuse, majestueuse. L'ensemble néo-renaissance est révélé par chacun des murs qui reçoit une colonne basilicale.

On a recouvert l'extérieur de pierre calcaire tirée des carrières de Montréal et posée sur une base en béton. Les colonnes sont en béton armé et une armature d'acier supporte la structure. Le toit de tuile ne craint pas le feu.

L'église Saint-Pierre-Claver se distingue par une voûte horizontale, un véritable plafond, caractéristique qui étonne. Cet

ÉGLISE SAINT-PIERRE-CLAVER
2000, boulevard Saint-Joseph Est, Montréal

Ci-dessus :
L'orgue.

Page suivante, en haut à gauche :
Détail de la chaire : statuette de saint Mathieu, œuvre de Médard Bourgault.

Page suivante, en haut au centre:
Détail de la chaire : statuette de saint Marc, également de Bourgault.

Page suivante, en haut à droite :
La chaire.

Page suivante, en bas :
La voûte du chœur, peinte par Madeleine Delfosse.

intérieur austère serait sévère si ce n'était de l'apport chaleureux d'un peintre féminin : fait rare, c'est une femme qui a décoré cette église. Il s'agit de Madeleine Delfosse, fille du célèbre peintre Georges Delfosse.

Mais un moment de frivolité est bien vite oublié. Une chaire sombre et imposante, surplombée d'un abat-voix suspendu, rappelle les fidèles à l'ordre. Pourtant, en examinant attentivement la cuve de la chaire, on y découvre quatre statuettes sculptées en ronde-bosse par Médard Bourgault. L'autel, très sobre, est en marbre.

ÉGLISE SAINT-CHARLES-BORROMÉE

L'ACTUELLE église Saint-Charles-Borromée, de Pointe-Saint-Charles, succède à une église bâtie sur le même site qui fut incendiée en 1913. Si l'église actuelle est grandiose, celle qui la précédait, de styles roman, gothique et byzantin, frôlait le délire.

Les documents anciens nous montrent une église surmontée non pas d'un clocher, les cloches étant placées en plein air, mais d'une véritable couronne royale surmontée d'une flèche, couronne que l'on imaginerait aisément posée sur la tête altière d'un Gengis Khan!

Le soubassement et les murs de l'église ancienne avaient été édifiés selon les plans de Maurice Perreault et Albert Mesnard entre 1899 et 1905. La construction fut parachevée par étapes, au rythme des contributions financières de cette paroisse pauvre.

La construction actuelle a repris ce qui restait de l'ancien temple. C'est ainsi que l'on a conservé les deux tiers de la façade, depuis la base jusqu'aux fenêtres centrales, avec ses éléments architecturaux variés. Les double-clochers et le reste de la façade ont été reconstruits en 1913 à partir de plans nouveaux préparés par les architectes Honoré McDuff et Ludger Lemieux.

À l'intérieur, on a conservé la composition de base de trois nefs, soit deux bas-côtés et une nef centrale, entrecoupées d'un transept. Entièrement détruite lors de l'incendie, on a refait la décoration intérieure de style beaux-arts, d'architecture néo-classique, avec des éléments néo-romans, qui rappellent les

ÉGLISE SAINT-CHARLES-BORROMÉE
DE POINTE-SAINT-CHARLES
2115, rue Centre, Montréal

éléments que l'on retrouve au niveau des clochers, un peu massifs avec leurs arcades plein cintre.

Le maître-autel est particulier. Il est fait en saccalogia, un faux-marbre. Son retable est composé, entre autres, de colonnes torses complétées par des chapitaux corinthiens sur lesquels trônent quatre statues représentant les quatre évangélistes. Le tout est abrité sous un faux baldaquin. L'effet est cependant intéressant, voire majestueux.

Aux autels latéraux, on peut admirer deux toiles du peintre Joseph Saint-Charles. La chaire est complètement faite en bois. Les lambris, de belle facture, ne sont pas en bois mais en marbre, matériau luxueux et choix étonnant pour un quartier ouvrier qui vient tout juste de perdre une église luxueuse et toute récente.

Le chemin de la croix, produit par la maison Carli, est en reliefs de plâtre blanc voulant imiter le marbre. Le peintre Joseph Saint-Charles a réalisé les tableaux qui ornent les autels latéraux.

L'orgue est fort impressionnant. C'est un Casavant de 55 jeux répartis sur quatre claviers. C'est un des grands instruments produits par cette prestigieuse maison.

Une restauration effectuée en 1980 a conservé les couleurs originales jaune, crème et or en les rehaussant. La marbrure des colonnes a été préservée.

Certains éléments peints en trompe-l'œil par Toussaint-Xénophon Renaud ont disparu au nettoyage, ayant originellement été apposés sur le plâtre sec.

Contrairement à Nincheri, Renaud ne s'astreignait pas au travail à la fresque, c'est-à-dire sur le plâtre frais. C'est pourquoi son œuvre s'est envolée.

L'église Saint-Charles-Borromée est demeurée une très belle église et les paroissiens l'apprécient énormément : selon les témoignages recueillis, ils considèrent qu'elle est la troisième plus belle du grand Montréal.

Ci-dessus, à gauche :
Table de communion et colonnes. Les marbrures des colonnes en saccalogia ont été préservées.

Ci-dessus, à droite :
La rosace et quatre pendentifs représentant les évangélistes.

Page précédente, en haut :
Les buffets de l'orgue et la tribune arrière.

Page précédente, en bas :
La chaire, toute en bois.

ÉGLISE SAINTS-ANGES-GARDIENS DE LACHINE

Achine tient une place unique dans la géographie et dans l'histoire. Et, si Lachine tient une place unique dans l'histoire, c'est en bonne partie à cause de sa situation géographique.

Lachine est située à la tête des rapides de Lachine, le premier passage non navigable en remontant le Saint-Laurent. Le nom de Lachine est donné par dérision à cet endroit parce que c'est de là que l'explorateur René-Robert Cavelier de La Salle part à la recherche d'un passage pour la Chine. Il doit rebrousser chemin et revenir à son fief, de Côte-Saint-Sulpice, en bordure des rapides.

On se rappelle que la plus importante industrie de la colonie, la seule en fait, est la traite des fourrures. La quasi-totalité des pelleteries provenait de la région des Grands Lacs. Tout arrivage devait être déchargé à Lachine et être transporté au port de Montréal par voie de terre. On construisit donc sur place un fort, Fort Rémy, et le poste de classement et de traite des fourrures le plus important en Amérique.

On érigea à cet endroit une première église dédiée aux Saints-Anges en 1701. Mais la construction du canal de Lachine en 1825 provoqua l'exode des Canadiens français catholiques car le canal mettait fin au portage pour contourner les rapides. L'église tomba en ruines, disparut littéralement et ce n'est qu'en 1977 que l'on retrouva ses fondations.

Mais entre temps, l'industrie manufacturière a transformé Montréal en un important centre industriel. La spéculation immobilière aidant, le prix des terrains s'élève rapidement et les industriels commencent à s'établir en périphérie. C'est ainsi

ÉGLISE SAINTS-ANGES-GARDIENS DE LACHINE
1400, boulevard Saint-Joseph, Lachine

Ci-dessus :
Vue de la nef et du chœur.

Page suivante, en haut :
La voûte du chœur.

Page suivante, en bas à gauche :
Détail d'un chapiteau du chœur.

Page suivante, en bas à droite :
Détail de la voûte de la nef centrale.

qu'une seconde ère de prospérité favorise Lachine. On construit donc l'église actuelle en 1919, œuvre des architectes Dalbé Viau et Alphonse Vienne, pour remplacer celle érigée par Victor Bourgeau en 1862.

L'église des Saints-Anges-Gardiens est un temple très vaste avec ses 6 476 m² (69 682 pi²) de plancher. Sa voûte et ses arches latérales en plein cintre confirment son style néo-roman soumis à une influence beaux-arts.

Le décor de cette église est marqué par la sobriété de l'après-guerre. Malgré cela, elle renferme quelques tableaux importants. Fait unique, le célèbre peintre québécois Paul-Émile Borduas et son non moins célèbre maître Ozias Leduc y ont exécuté des peintures ensemble.

ÉGLISE SAINT-FRANÇOIS-SOLANO

Avec la construction de l'église Saint-François-Solano en 1924, on retrouve une partie de l'esprit d'avant-guerre. C'est une grande église néo-renaissance dont le plancher fait 4 153 m² (44 682 pi²).

En 1911, le Parc Lasalle ne compte que 52 familles de paisibles cultivateurs quand les franciscains sollicitent de monseigneur Paul Bruchési, archevêque du diocèse de Montréal, la faveur de fonder pour leur noviciat une maison en un point éloigné, au beau milieu des champs du centre-est de l'île. Mais la prospérité économique allait déranger le charme bucolique de cette région agricole : le quartier Rosemont y verra le jour.

La transformation est si rapide qu'en moins de 13 ans on doit construire une grande église. L'architecte Joseph-Albert Karch tente de faire la preuve aux administrateurs de la Fabrique de Saint-François-Solano qu'avec 115 000 $ on peut construire un temple convenable et à l'épreuve du feu. Ses arguments sont convaincants : il vient, pour la même somme, de construire l'église St. Thomas Aquinas, devenue depuis l'église Saint-Henri.

Voici comment l'abbé Claude Turmel, responsable du Comité d'art sacré, décrit l'événement et la nouvelle église dans l'album souvenir publié à l'occasion du cinquantième anniversaire de la paroisse : « Les fabriciens (de la paroisse Saint-François-Solano) ont dû beaucoup admirer, avec raison d'ailleurs, l'église St. Thomas Aquinas puisqu'on y retrouve beaucoup de similitudes, particulièrement à l'intérieur : la même ambiance de l'entrée, la mouluration des portes à l'intérieur avec les petits bois composés

Église Saint-François-Solano
3730, rue Dandurand, Montréal

en forme de losanges, les stations du chemin de la croix disposées de part et d'autre des grandes fenêtres sur lesquelles viennent buter des boudins décoratifs, les confessionnaux logés de la même manière sous les fenêtres, dans l'épaisseur des murs qui excèdent à l'extérieur, les beaux bancs de chêne identiques.

« Le plafond également à travées et à caissons, traité avec plus de bonheur à vrai dire, dont les poutres se retournent sur des pilastres, établit un nouveau rapport. Il comporte, dans la partie centrale de la nef, sur toute la longueur, un plafond surélevé doté d'une fausse coupole.

« Malgré ces rapprochements, Saint-François-Solano possède une personnalité propre et bien marquée, architecturalement de bonne qualité.

« L'ampleur de la façade d'ordonnance classique, avec un beau parvis dégagé de la rue, son portail à colonnes jumelées, sa pierre bosselée du rez-de-chaussée, ses deux tours massives se terminant dans un style espagnolisant, laisserait supposer un volume plus ample à l'intérieur. Au contraire de notre attente, l'intérieur, sans colonnes, donne l'impression d'un plafond assez bas et crée une ambiance intime et aimable, d'une lumière chaude, où la liturgie actuelle doit évoluer tout à son aise. »

La décoration de cette église est élaborée, en plâtre, d'inspiration renaissance, avec une abondance d'artifices à laquelle on n'était plus habitué. Cependant, certains éléments ont une valeur artistique indéniable, tels les cinq tableaux du peintre Charles-Édouard Chabauty.

Ci-dessus :
Vue d'ensemble de l'intérieur.

Page précédente, en haut à gauche :
L'autel de saint Joseph.

Page précédente, en haut à droite :
L'orgue.

Page précédente, en bas :
En voûte du chœur, tableaux de Charles-Édouard Chabauty.

ÉGLISE SAINTE-CÉCILE

Es années qui séparent les deux principales étapes de construction de l'église Sainte-Cécile illustrent bien le dérangement profond causé par l'événement inévitable que fut la Première Guerre mondiale. Alors que la construction du sous-bassement de ce temple s'effectue de 1912 à 1913, il faut attendre jusqu'en 1924 pour voir enfin s'élever dans le ciel ses deux remarquables clochers.

Sainte-Cécile, dont l'aire occupe près de 5 000 m² (53 800 pi²), est une vaste église de style néo-roman, œuvre des architectes Donat-Arthur Gascon et Louis Parent. Sa base est en béton, elle est recouverte de pierre calcaire et sa structure, à l'épreuve du feu, est en acier enrobé de terra-cotta.

Les archives nous apprennent peu sur l'histoire de cette église au demeurant fort humble. Elle est dotée de peu d'œuvres d'art. Toute l'attention se reporte sur la chaire et l'autel. La chaire, surmontée d'un abat-voix, a sa cuve décorée des statues des quatre évangélistes.

Le maître-autel est en marbre et en simili-marbre. Il est importé d'Italie où il a été exécuté par la maison Daprato qui a également réalisé la balustrade.

Si Sainte-Cécile n'exhibe pas l'opulence des églises construites avant la guerre, elle n'en demeure pas moins une église intéressante. On ne peut circuler dans le quartier sans que l'on ne soit attiré par les tours à clochers qui l'encadrent, par la rosace qui domine sa porte principale ou par l'appel de ses cloches coulées en Haute-Savoie par la maison Paccard.

ÉGLISE SAINTE-CÉCILE
7380, avenue Henri-Julien, Montréal

Ci-dessus, à gauche :
La chaire.

Ci-dessus, à droite :
Le bas-côté gauche vers l'avant.

Ci-contre :
Détail de la table de communion.

Page suivante, en haut à gauche :
Fonts baptismaux.

Page suivante, en haut à droite :
Le maître-autel et son retable.

Page suivante, en bas :
Détail du tombeau du maître-autel : la Cène.

ÉGLISE SAINT-VINCENT-DE-PAUL

Saint-Vincent-de-Paul est une autre des belles églises du centre-ville de Montréal. C'est l'architecte Ludger Lemieux qui l'a conçue et réalisée en 1925. Elle succédait à deux églises antérieures fortement endommagées par le feu.

Cette église d'allure assez opulente a été construite au milieu d'une demi-douzaine d'autres églises importantes au cœur d'un quartier très pauvre qu'on appelait jadis le Faubourg-à-la-mélasse, c'est aujourd'hui le quartier Sainte-Marie.

En 1867, quand monseigneur Ignage Bourget réussit enfin à briser le monopole religieux des sulpiciens, l'une des premières paroisses de Notre-Dame qu'il démembra est Saint-Vincent-de-Paul.

Jusqu'à ce jour, les Messieurs de Saint-Sulpice s'étaient satisfaits de desservir les âmes de ce quartier à partir d'une humble chapelle. À compter du moment où elle acquit son autonomie, cette paroisse accomplit des progrès rapides.

Dès 1875 on procède à l'érection d'une première église qui, malheureusement, sera la proie des flammes en 1919. Le feu frappa encore une fois en 1924. C'est alors qu'on demanda à l'architecte Ludger Lemieux de construire une église à l'épreuve du feu. La structure qu'il recommande est en acier et repose sur une base de béton. Elle est recouverte de pierre calcaire provenant de la carrière Deschambault.

Le toit et les clochers de ce temple sont recouverts de cuivre, comme c'est le cas pour de nombreuses églises bâties à cette époque et dans cette partie de la ville. Avec le temps, l'oxydation

ÉGLISE SAINT-VINCENT-DE-PAUL
2310, rue Sainte-Catherine Est, Montréal

Ci-dessus, à gauche :
La chaire.

Ci-dessus, à droite :
Le bas-côté vers l'avant.

Page suivante, en haut à gauche :
Maître-autel et tableau patronymique : l'Apothéose de saint Vincent de Paul.

Page suivante, en haut à droite :
Vitrail de la nef : Saint-Michel-Archange, par la maison O'Shea.

Page suivante, en bas :
La chapelle des mariages.

verdit le cuivre et donne un aspect opulent aux immeubles qui en sont couverts.

Pourtant, Saint-Vincent-de-Paul est une église très humble. Son architecture est de style néo-baroque comportant des influences néo-romanes et renaissance italienne. Son principal attrait est exercé par ses vitraux fort réussis dont on ne connaît cependant pas l'auteur.

S·VINCENTI·ORA·PRO·NOBIS

SAINT MICHEL TERRASSANT LE DÉMON

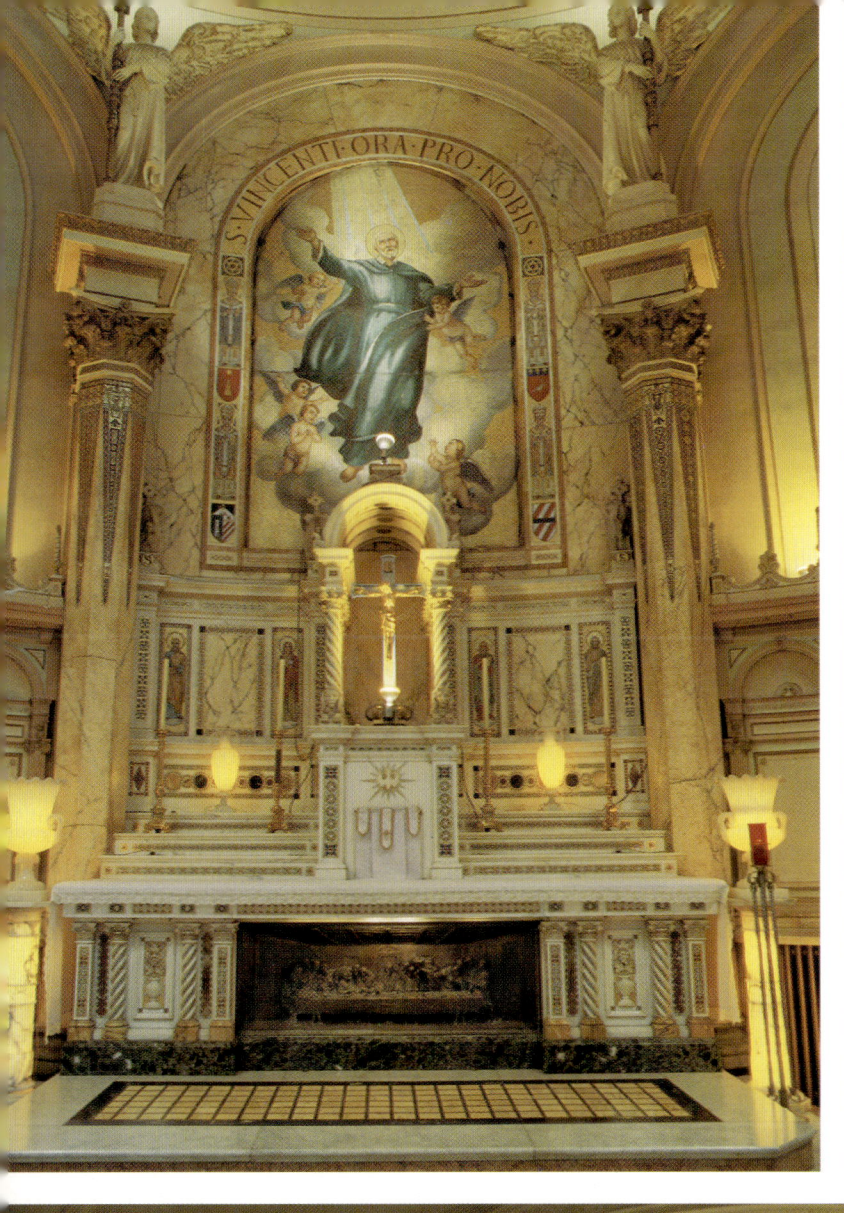

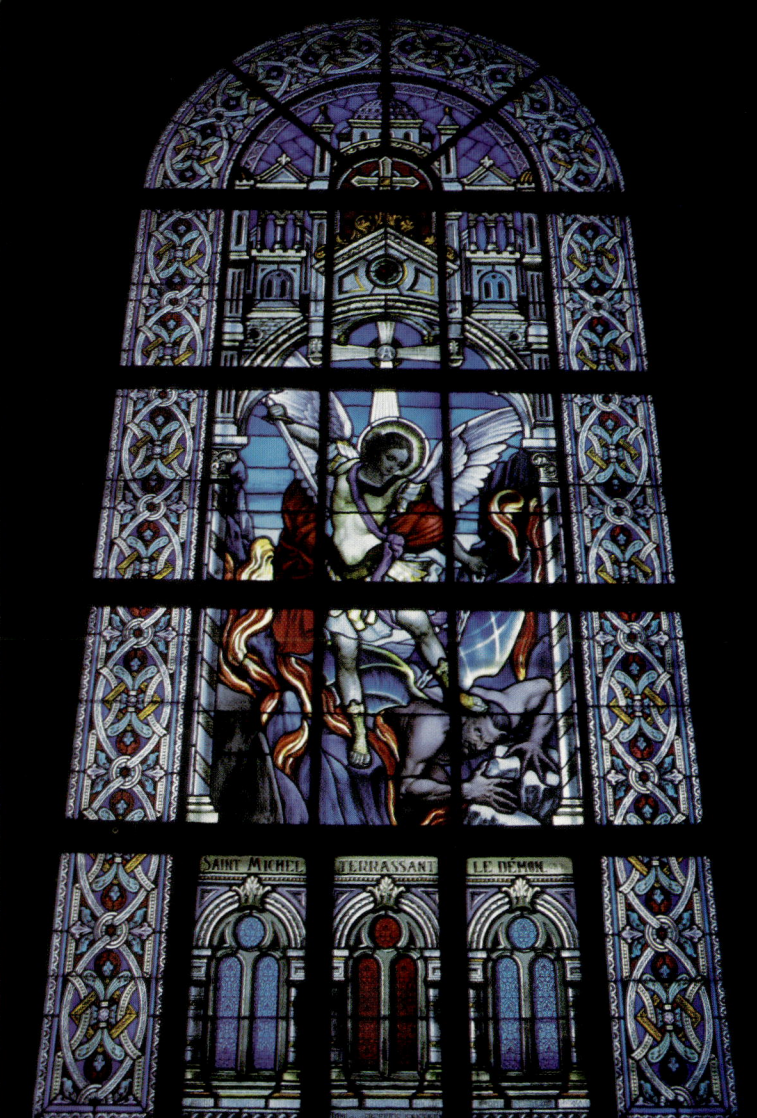

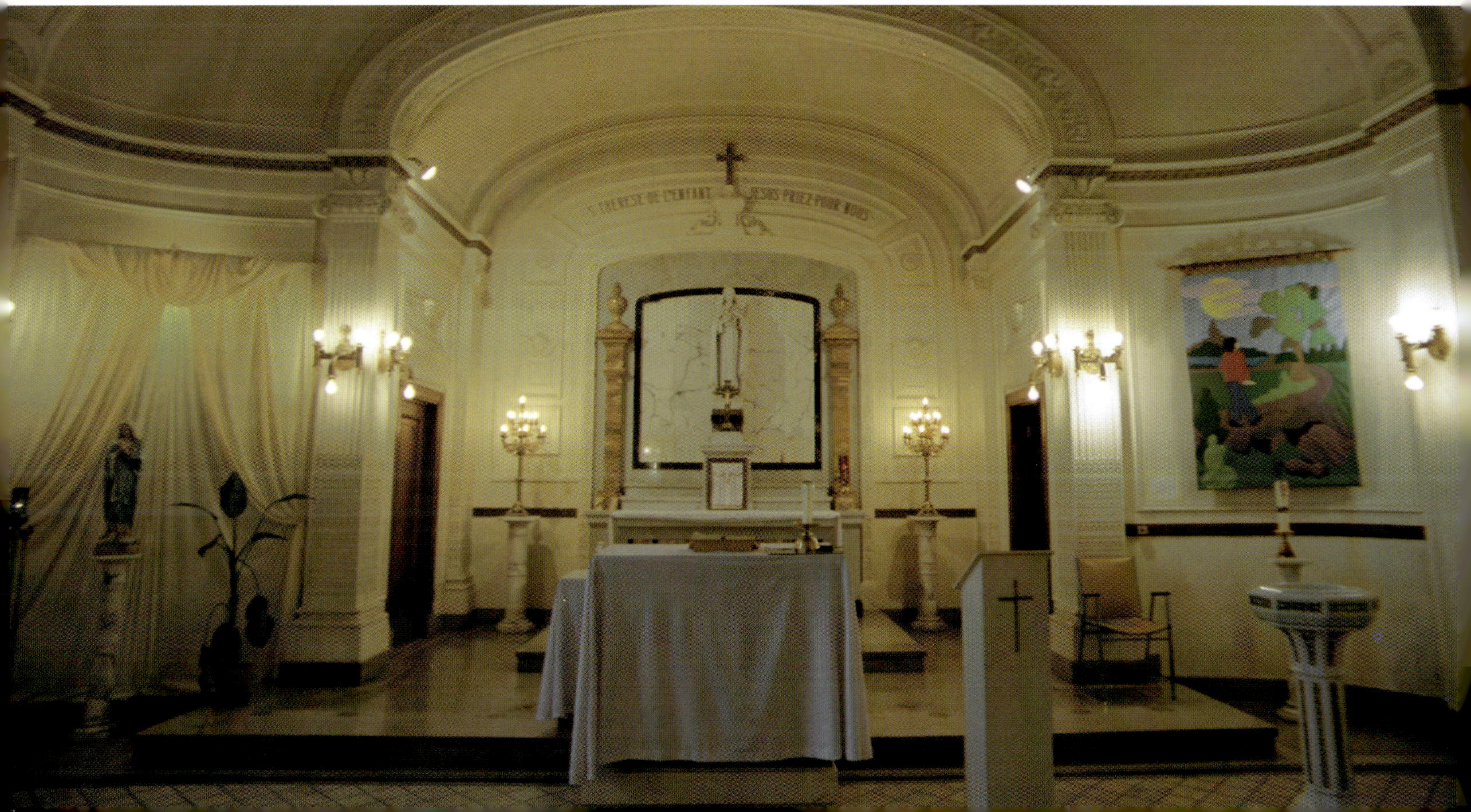

ÉGLISE ASCENSION OF OUR LORD

Scension of Our Lord est une église qui diffère énormément de toutes celles que nous avons visitées jusqu'à présent. Nous sommes en 1927, donc au début de l'ère moderne. Les informations et les idées, comme les gens, voyagent de plus en plus.

Or, quand vient le temps de construire une nouvelle église dans le riche quartier Westmount, on n'hésite pas à se distinguer en choisissant un style néo-gothique d'inspiration américaine. C'est d'ailleurs une firme d'architectes de Boston, MacInnis & Walsh, qui en signera les plans.

Ce qui étonne le plus à la vue de cette église de grandeur moyenne, 3 500 m² (37 660 pi²), c'est la position unique de son clocher : son carillon est en effet juché au sommet d'une énorme tour carrée posée à la croisée du transept, et non pas en façade comme dans la quasi-totalité des églises catholiques. On voit là, sur le plan esthétique, une caractéristique propre aux temples protestants.

Ascension of Our Lord est une église très simple, très sobre, à l'anglaise. La charpente de sa voûte est apparente. Elle est dotée de vitraux intéressants et rappelle l'église St. Vincent Ferrier, de New York.

ÉGLISE ASCENSION OF OUR LORD
375, avenue Kitchener, Westmount

Ci-dessus, à gauche :
L'autel de saint Joseph.

Ci-dessus, à droite :
L'autel de la Vierge.

Ci-contre :
Bas-côté droit, vers l'avant.

Page suivante, en haut à gauche :
L'orgue.

Page suivante, en haut à droite :
Le bas-côté de gauche vers l'avant.

Page suivante, en bas à gauche :
Les fonts baptismaux.

Page suivante, en bas à droite :
Vitraux de la nef.

ÉGLISE DU TRÈS-SAINT-RÉDEMPTEUR

Très-Saint-Rédempteur est la troisième église importante sur la rue Adam, dans l'est de Montréal, après les églises Saint-Clément de Viauville et Très-Saint-Nom-de-Jésus. Cette succession linéaire d'églises s'explique par le développement linéaire de la banlieue de Montréal qui s'est étendue en suivant les rives du fleuve Saint-Laurent.

Cette belle grande église de 4 231 m² (45 525 pi²) a été construite en 1927. Elle a été dessinée par les architectes Donat-Arthur Gascon et Louis Parent, qui ont construit d'autres églises à cette époque, notamment les églises Sainte-Madeleine d'Outremont et Saint-Marc de Rosemont.

Si elle avait été construite au début du siècle, l'église Très-Saint-Rédempteur aurait été opulente. Son style néo-renaissance, influence beaux-arts, en aurait fait une cible toute désignée pour les exagérations de cette époque frivole.

Les chrétiens les plus pieux ne regretteront pas que leur église soit plus humble : sa façade bien structurée, ses clochers qui surmontent les tours et sa rosace qui domine la porte principale lui donnent déjà fière allure.

La décoration intérieure est moins ostentatoire et sa disposition est particulièrement favorable à la pratique de la liturgie nouvelle. Depuis le concile Vatican II, la consigne veut que le célébrant se rapproche des fidèles au lieu de leur tourner le dos comme jadis. Les transepts très prononcés de cette église permettent le regroupement des fidèles en trois grappes autour du nouvel autel qui a été placé au milieu de la nef, en deçà même

ÉGLISE DU TRÈS-SAINT-RÉDEMPTEUR
3530, rue Adam, Montréal

Ci-dessus :
Le maître-autel.

Page suivante, en haut :
L'autel de saint Joseph et la chaire.

Page suivante, en bas :
Les lustres en cristal de Bohème et un vitrail réalisé par Guido Nincheri représentant le Christ Rédempteur.

de la table de communion. Cette disposition fait malheureusement un peu oublier le maître-autel original, fort beau, qui est fait de marbre et de mosaïque.

L'église du Très-Saint-Rédempteur est dotée de vitraux réalisés par le grand artiste Guido Nincheri. De belles boiseries ornent le fond de l'abside et les luminaires sont en cristal de Bohème.

ÉGLISE SAINT-ALPHONSE-D'YOUVILLE

ONTRÉAL s'étend de plus en plus en surface, remontant inexorablement vers le nord. Les municipalités rurales sont irrémédiablement envahies par les développements résidentiels et, l'une après l'autre, sont annexées à la métropole.

En 1929, la congrégation du Très-Saint-Rédempteur demande à l'architecte Louis-Napoléon Audet, qui a réalisé l'église St. Augustine, de préparer les plans d'une très grande église qu'on érigera sur le boulevard Crémazie, à l'est du boulevard Saint-Laurent. Il s'agit en fait d'un complexe de 9 700 m² (104 372 pi²) comprenant l'église, la chapelle Sainte-Anne et la résidence des pères rédemptoristes.

La paroisse Saint-Alphonse-de-Liguori, du quartier Youville, a été fondée canoniquement en 1910. Elle porte le nom du fondateur de l'Ordre du Très-Saint-Rédempteur.

À sa fondation, la paroisse compte 72 familles. On a une bonne idée de la vitesse à laquelle croît la population quand on constate que celle-ci compte 150 familles de plus par année, pour une moyenne de 750 nouveaux paroissiens.

Une première église en brique, très humble, est construite dès 1921 mais les besoins sont tels que seulement huit ans plus tard on démolit cette première église et on la remplace par le temple actuel, en granit de Saint-Sébastien-de-Frontenac.

Le nouveau temple, à l'épreuve du feu, est très vaste : il fait 243 pi (74 m) de longueur, 86 pi (26,2 m) de largeur à la nef, 106 pi (32,3 m) au transept, et 63 pi (19,2 m) de hauteur. Il peut recevoir 1 560 fidèles à la fois au rez-de-chaussée et 1 200 au sous-sol.

ÉGLISE SAINT-ALPHONSE-D'YOUVILLE
560, boulevard Crémazie Est, Montréal

Ci-dessus :
L'orgue.

Page suivante, en haut à gauche :
Bas-côté gauche vers l'arrière.

Page suivante, en haut à droite :
Bas-côté droit vers l'avant avec l'autel dédié à saint Gérard Magella.

Page suivante, en bas à gauche :
Mosaïque représentant saint Barthélémy, saint Mathias et saint Jude.

Page suivante, en bas à droite :
Le maître-autel et son baldaquin.

Alors que l'énorme tour de façade, rappelant celle de St. Augustine, laisse prévoir un style byzantin, l'intérieur de l'église est de style gothique. La brillante ornementation des rosaces et des fenêtres donne aux longues ogives l'expression de rayonnement. Ces ogives forment, depuis leur base jusqu'au sommet, un triangle équilatéral qui est l'emblème de la Sainte Trinité. Pour cette raison, le style gothique, dont toutes les lignes montent vers le ciel, est éminemment religieux.

Les colonnes, les arcs doubleaux, la table de communion, les balustrades, les fenêtres et la rosace sont en pierre composée, dite Desco. Malgré une sobriété propre à l'après-guerre, l'église Saint-Alphonse-d'Youville est ornée de trois grandes verrières à l'abside et au transept, œuvres du révérend père Parrot, rédemptoriste. Deux immenses tableaux, signés par le peintre Émile Vézina, dominent les autels de Notre-Dame du Perpétuel Secours et de saint Gérard.

Petites statistiques qui en disent long sur l'intensité de la vie sociale et religieuse dans cette paroisse : de 1911 à 1935 on a célébré en l'église Saint-Alphonse-d'Youville 514 mariages, 3 583 baptêmes et on a effectué plus de deux millions de communions.

ÉGLISE ST. ANDREW AND ST. PAUL

'une des plus belles églises de Montréal n'est pas catholique mais protestante. Il s'agit de l'église presbytérienne de St. Andrew and St. Paul, située à l'angle des rues Redpath et Sherbrooke.

Ce vaste temple de 4 400 m² (47 344 pi²) de style néo-gothique a été érigé en 1932 par la colonie écossaise de Montréal. Il n'est donc pas étonnant d'y retrouver les armoiries du régiment des Black Watch.

La paroisse connaît ses débuts en 1760 quand la France doit céder le Canada à l'Angleterre. Pendant dix ans les presbytériens écossais, n'ayant pas encore d'église, sont hébergés, dans un bel esprit œcuménique, par les récollets. Plus tard, en 1792, ils fondent St. Gabriel, dans le Vieux-Montréal. Puis un groupe s'en sépare en 1803 et fonde la paroisse St. Andrew. Un deuxième groupe essaime en 1832 et fonde St. Paul. Enfin, à la fin de la Première Guerre mondiale, ces deux paroisses fusionnent pour former St. Andrew and St. Paul.

Quand elle est démolie en 1903, plusieurs tableaux commémoratifs de l'église St. Gabriel de même que ses vitraux sont conservés. Ils sont ensuite incorporés à l'église actuelle dont le contrat des plans est accordé à Harold Featherstonehaugh après un concours international d'architecture.

Les deux points d'intérêt de l'église St. Andrew and St. Paul sont ses vitraux et son orgue. Les dix vitraux de la claire-voie ont été dessinés par Sir Lawrence Lee. Les cinq vitraux de gauche

ÉGLISE ST. ANDREW AND ST. PAUL
3415, rue Redpath, Montréal

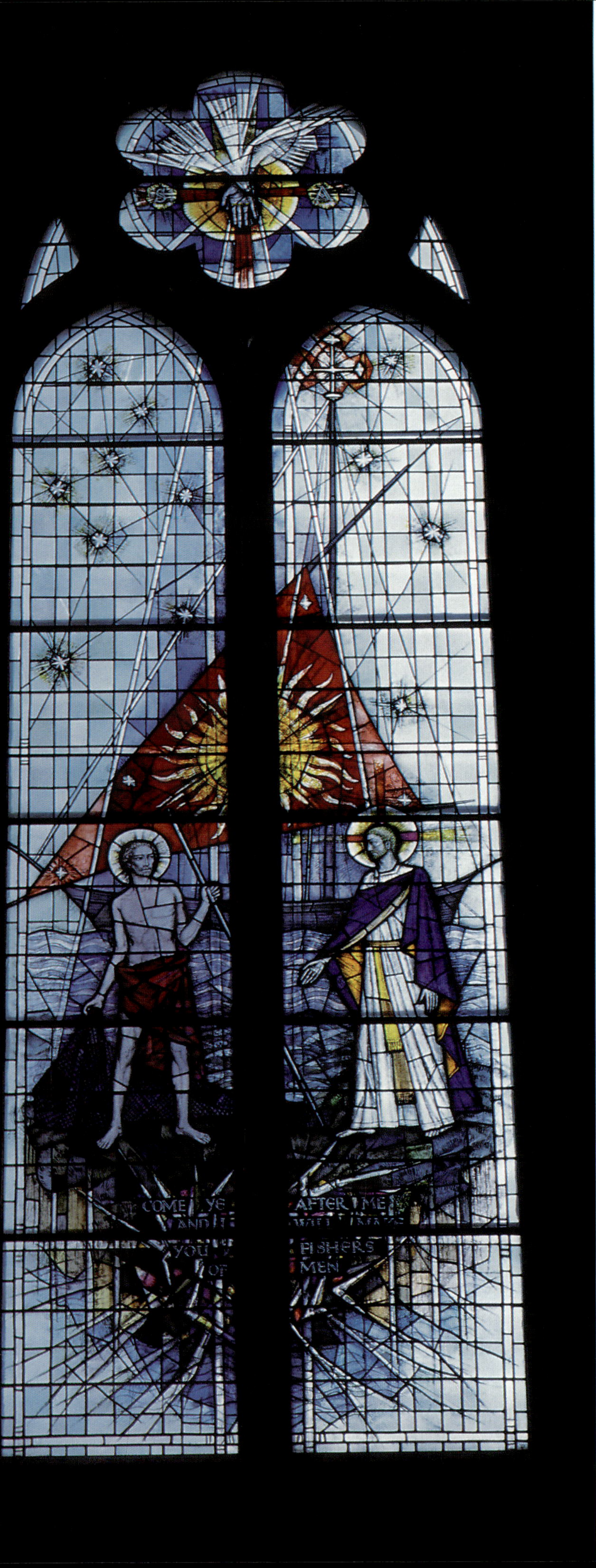
COME YE
AFTER ME
FISHERS
MEN

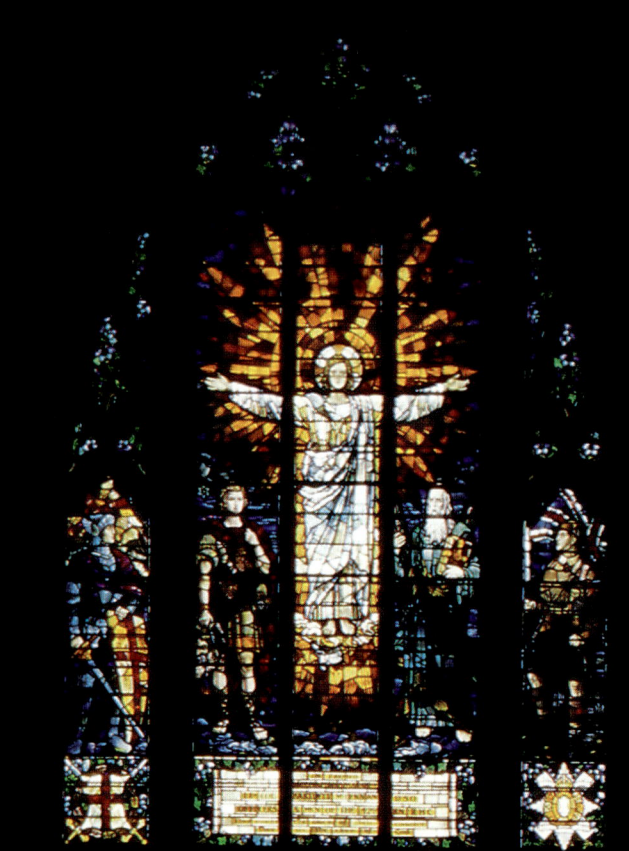

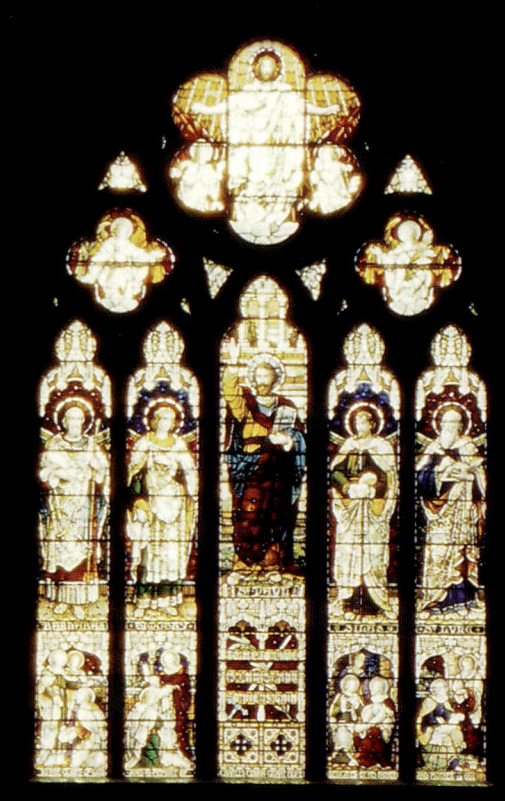

Page précédente, à gauche :
Vitrail de la nef.

Page précédente, en haut à droite :
Vitrail du chœur illustrant le Christ ressuscité.

Page précédente, en bas à droite :
Vitrail du portail.

ÉGLISE ST. ANDREW AND ST. PAUL

203

traitent des événements de la vie du Christ, ceux de droite, des événements de l'Évangile.

Les vitraux des bas-côtés, de la chapelle et du jubé proviennent pour la plupart de l'ancienne église St. Paul. Dans la chapelle, le vitrail dessiné par William Morris, instigateur du mouvement Arts and Crafts, est particulièrement digne d'intérêt.

Quant à l'orgue, il s'agit d'un Casavant de 93 jeux comportant plus de 7 000 tuyaux. Un orgue écho placé dans le jubé complète cet ensemble sonore. *Le Messie*, de Haendel, est par tradition interprété dans cette église le Vendredi saint. Durant l'année, de nombreux concerts et récitals d'orgue attirent les mélomanes.

Ci-dessus, à gauche :
La chaire.

Ci-dessus, à droite :
Chapelle de dévotion.

Page précédente, en haut :
Détails représentant l'agneau mystique et la colombe de l'Esprit-Saint.

Page précédente, en bas à gauche :
Angelot de la clôture du chœur.

Page précédente, en bas à droite :
Les fonts baptismaux.

ÉGLISE NOTRE-DAME-DE-LA-DÉFENSE

APRÈS la Première Guerre mondiale, un mouvement d'immigration italienne marquera la vie de Montréal. Les nouveaux venus sont travailleurs, exubérants et pieux. Bientôt, ils forment des agglomérations et des quartiers et désirent avoir leur propre église. Pas de problème pour la construction puisque leurs gens connaissent tous les métiers.

On érige en 1918 une église de style florentin, sans colonnes, avec le centre en croix grecque. La guerre n'est pas terminée et les matériaux sont rares; l'église n'aura pas de clocher. Comme la fière communauté italienne compte parmi ses rangs le plus célèbre décorateur d'églises en la personne de Guido Nincheri, c'est à ce véritable artiste que l'on fait appel pour établir les plans et assurer la décoration de Notre-Dame-de-la-Défense.

Nincheri fait tout : les vitraux, les autels en marbre de Carrare, la fresque de la voûte. L'exécution de cette fresque somptueuse occasionnera d'ailleurs à l'artiste des déboires imprévisibles : dans son enthousiasme, il multiplie les scènes et les personnages, 200 au total, et inclut, sans penser aux conséquences politiques, le portrait de Benito Mussolini à cheval.

La bombe éclate : à ce moment, le gouvernement du Canada fait la chasse aux fascistes et emprisonne de façon préventive de nombreux ressortissants italiens. Stupeur et consternation dans la communauté italienne : on apprend que Guido Nincheri devra être détenu à la base militaire de Petawawa.

Il semble que le gouvernement lui-même n'est pas d'accord avec la sentence imposée à cet homme de piété et de talent qui

ÉGLISE NOTRE-DAME-DE-LA-DÉFENSE
6800, rue Henri-Julien, Montréal

Ci-dessus :
La fameuse représentation de Mussolini qui causa tant d'ennuis à Nincheri.

Page suivante, en haut à gauche :
Détail du retable du maître-autel.

Page suivante, en haut à droite :
Le retable du maître-autel et l'autel.

Page suivante, en bas :
Croisée du transept; la Sainte Trinité.

est la victime innocente de sa fierté nationale. Nincheri se « cache » à Baie-Comeau où il décore l'église Sainte-Amélie et les autorités policières ne déploient aucun effort pour le « retrouver ».

Quant à Notre-Dame-de-la-Défense, elle demeure l'une des églises les plus hautement colorées de la métropole.

Ci-dessus, à gauche :
La Vierge et l'Enfant.

Ci-dessus, à droite :
Détail de la table de communion : la Vierge de la piété.

Ci-contre :
Détail d'architecture de la nef.

Page suivante, en haut :
L'intérieur de l'église.

Page suivante, en bas à gauche :
Détail de la statue de Notre-Dame-des-Sept-Douleurs.

Page suivante, en bas à droite :
Tableau de la Vierge.

ORATOIRE SAINT-JOSEPH DE MONTRÉAL

'oratoire Saint-Joseph de Montréal n'est pas une église comme les autres. Ce temple n'est pas rattaché à une paroisse; il fait plutôt partie du domaine des pères de Sainte-Croix, une vaste propriété de 87 535 m² (941 876 pi²) comprenant la basilique, l'église, la manécanterie, la chapelle du frère André, la résidence des pères de Sainte-Croix et divers autres bâtiments.

L'oratoire lui-même, qui couvre 16 950 m² (182 382 pi²), est un des plus grands lieux de pèlerinage au Canada : il accueille quelque deux millions de visiteurs par an. Il a été élevé au rang de basilique mineure par son excellence le cardinal Paul-Émile Léger, sur bref de Rome, le 19 mars 1955.

La basilique, de style néo-baroque pour son extérieur, est dessinée en 1924 par Dalbé Viau et Alphonse Venne. L'intérieur est de style dombelliste. Ce style, tout nouveau pour l'époque, a été créé par le moine dom Paul Bellot, de Saint-Benoît-du-Lac, qui est le principal architecte religieux de l'ère moderne. Il propose pour cette basilique un style complètement dépouillé et vient lui-même assister à l'achèvement des travaux. Un grand nombre d'églises érigées après l'oratoire ont adopté le style dombelliste pour leur intérieur.

Malgré sa grande simplicité, l'oratoire est doté d'un prestigieux orgue Rudolf Von Beckerath comptant 5 804 tuyaux. Selon les circonstances, on y expose une collection d'art sacré constituée, entre autres, d'un grand nombre de statuettes de saint Joseph, de diverses peintures représentant le saint et de

L'ORATOIRE
SAINT-JOSEPH DE MONTRÉAL
3800, chemin de-la-reine-Marie, Montréal

Ci-dessus :
L'orgue et le vitrail de la nef, œuvre de Marius Plamondon.

Page suivante, en haut :
Statue de saint Joseph en marbre sise à la chapelle de la crypte et ronde-bosse du bienheureux frère André.

Page suivante, en bas :
La chapelle de la crypte.

58 gravures du Miserere du grand peintre français Georges Rouault.

L'oratoire Saint-Joseph est la deuxième plus grande basilique catholique au monde après Saint-Pierre de Rome. Il mesure 341 pi (103,9 m) de longueur, 210 pi (64 m) de largeur. Son dôme s'élève à 856 pi (260,9 m) au-dessus du niveau de la mer : c'est le point le plus haut à Montréal. Il peut accueillir 10 000 fidèles debout et 3 000 assis.

INVITATION

VOICI terminée une étape de notre visite des plus belles églises du Québec. Nous invitons le lecteur à parcourir le deuxième volume de cet ouvrage. Il est divisé en deux parties : dans la première, on trouvera l'histoire des plus belles églises de la ville de Québec, et, dans la seconde, on visitera les belles églises de la vallée du Saint-Laurent.

Page précédente :
L'intérieur de l'église Saint-Zotique.

Ci-dessous :
Le chœur de l'église Sainte-Geneviève.

PLAN DES ÉGLISES DU QUÉBEC

Plan Maillou

Le premier évêque d'Amérique, monseigneur de Laval, recommandait à ses curés de bâtir selon un plan simple dit plan Maillou.

Plan à la récollette

Selon ce plan, on rétrécit le chœur afin de créer des petits murs permettant de recevoir des autels de dévotion. Cette forme renforce aussi les murs latéraux.

Plan à la récollette agrandi

Le nombre de fidèles augmentant, on agrandira les églises; le toit devra désormais être supporté par des colonnes.

Plan en croix latine

Comme les églises devenaient de plus en plus grandes et qu'on ne connaissait pas encore le béton armé, souvent les murs latéraux se lézardaient. Quelqu'un eut l'idée de dessiner un plan d'église en forme de croix latine : les murs latéraux étant ainsi divisés en quatre parties, ils offrirent désormais une meilleure résistance.

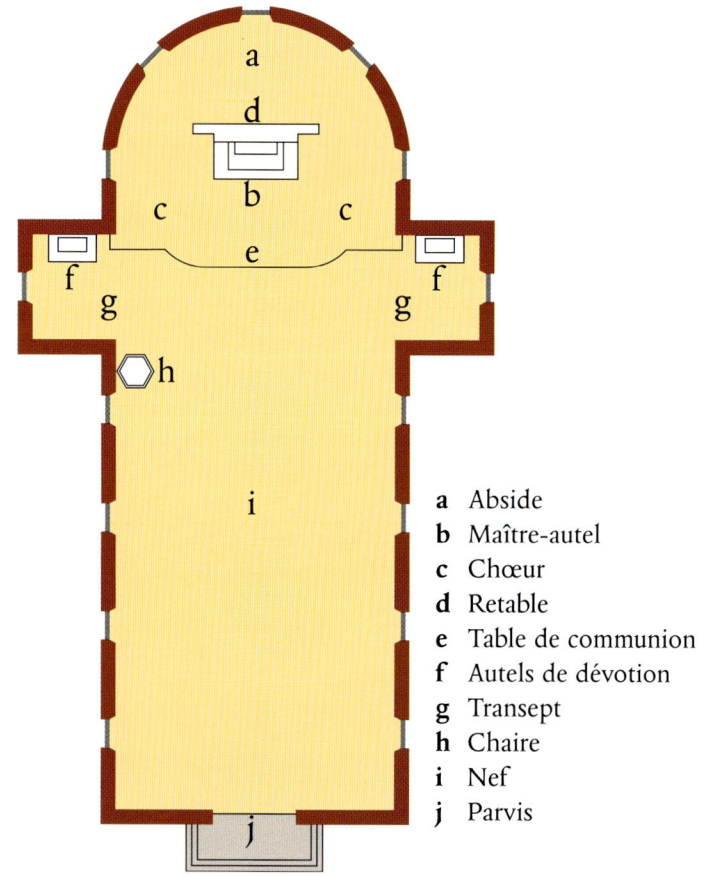

- **a** Abside
- **b** Maître-autel
- **c** Chœur
- **d** Retable
- **e** Table de communion
- **f** Autels de dévotion
- **g** Transept
- **h** Chaire
- **i** Nef
- **j** Parvis

Plan d'une église en croix latine

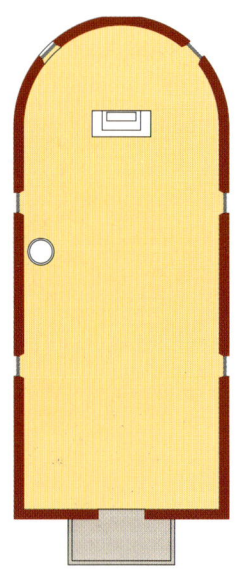

Plan Maillou

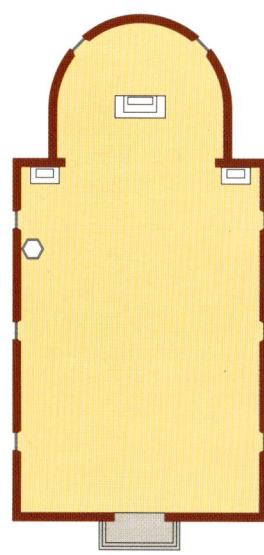

Plan à la récollette

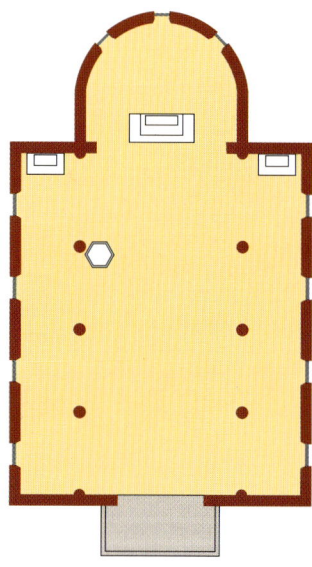

Plan à la récollette agrandie

FAÇADE D'UNE ÉGLISE

- **a** Portail
- **b** Portes latérales
- **c** Niches
- **d** Fenêtre paladienne
- **e** Oculus
- **f** Fronton
- **g** Clocher
- **h** Flèche

STYLE ARCHITECTURAL DES ÉGLISES DU QUÉBEC

Les églises du Québec ont généralement été érigées selon le style architectural en vogue au moment de leur construction.

Style traditionnel (1650-1760)

Nos plus anciennes églises sont de petite taille. Elles ont été érigées sans plan précis par des artisans qui ont opté simplement pour une forme rectangulaire et un toit pentu. C'est le style traditionnel.

Style palladien (1760-1800)

Le style palladien vient des œuvres de l'architecte italien Palladio. Fort prisé des architectes anglais, il est caractérisé par un fronton triangulaire, parfois percé d'un œil-de-bœuf et par une fenêtre en trois parties appelée fenêtre palladienne ou serlienne.

Style néo-classique (1800-1867)

Les architectes redécouvrent l'antiquité grecque et romaine qui constitue l'époque classique. Ils reprennent les principaux éléments d'ornementation de cette époque, notamment les arcs en hémicycle, qui seront la première manifestation de ce style.

Style néo-gothique (1822-1939)

L'utilisation de l'arc brisé est la principale caractéristique du style néo-gothique. Il permet d'élever considérablement le plafond des églises, ce qui a pour effet d'élever aussi les cœurs vers Dieu.

Style néo-renaissance (1850-1885)

Le style néo-renaissance ou néo-baroque est caractérisé par l'utilisation de formes lourdes comme celles utilisées dans les palais des grands marchands prospères.

Style dombelliste (1920-1996)

Style très dépouillé dû à Dom Paul Bellot, concepteur de l'abbaye Saint-Benoit-du-Lac, et rendu célèbre par l'oratoire Saint-Joseph de Montréal.

TABLE DES MATIÈRES

Remerciements 7
Carte 8

AVANT-PROPOS
L'époque des belles églises 11

INTRODUCTION 13

CHAPELLE NOTRE-DAME-DE-BONSECOURS 17

ÉGLISE SAINTE-GENEVIÈVE 23

ÉGLISE NOTRE-DAME 27

ÉGLISE ST. PATRICK 35

ÉGLISE SAINT-PIERRE-APÔTRE 41

SAINT-ENFANT-JÉSUS DU MILE END 47

ÉGLISE SAINT-JOSEPH DE MONTRÉAL 53

ÉGLISE DU GESÙ 57

CATHÉDRALE MARIE-REINE-DU-MONDE 63

ÉGLISE DE LA NATIVITÉ DE LA SAINTE-VIERGE
   D'HOCHELAGA 69

CHAPELLE NOTRE-DAME-DE-LOURDES 75

ÉGLISE SAINTE-BRIGIDE 81

ÉGLISE SAINT-JOACHIM DE POINTE-CLAIRE 85

ÉGLISE SACRÉ-CŒUR-DE-JÉSUS 89

ÉGLISE DE L'IMMACULÉE-CONCEPTION 95

ÉGLISE SAINT-JEAN-BAPTISTE 101

ÉGLISE SAINT-CLÉMENT DE VIAUVILLE   107

ÉGLISE SAINT-LÉON DE WESTMOUNT   111

ÉGLISE DU TRÈS-SAINT-NOM-DE-JÉSUS   117

ÉGLISE SAINTE-CUNÉGONDE   123

ÉGLISE SAINT-ÉDOUARD   129

ÉGLISE SAINT-PAUL   133

ÉGLISE SAINT-STANISLAS-DE-KOSTKA   137

ÉGLISE SAINT-VIATEUR D'OUTREMONT   141

ÉGLISE NOTRE-DAME-DES-SEPT-DOULEURS   145

ÉGLISE SAINT-IRÉNÉE   151

ÉGLISE SAINT-EUSÈBE-DE-VERCEIL   155

ÉGLISE ST. MICHAEL THE ARCHANGEL   159

ÉGLISE SAINT-PIERRE-CLAVER   165

ÉGLISE SAINT-CHARLES-BORROMÉE   169

ÉGLISE SAINTS-ANGES-GARDIENS DE LACHINE   173

ÉGLISE SAINT-FRANÇOIS-SOLANO   177

ÉGLISE SAINTE-CÉCILE   181

ÉGLISE SAINT-VINCENT-DE-PAUL   185

ÉGLISE ASCENSION OF OUR LORD   189

ÉGLISE DU TRÈS-SAINT-RÉDEMPTEUR   193

ÉGLISE SAINT-ALPHONSE-D'YOUVILLE   197

ÉGLISE ST. ANDREW AND ST. PAUL   201

ÉGLISE NOTRE-DAME-DE-LA-DÉFENSE   207

ORATOIRE SAINT-JOSEPH DE MONTRÉAL   213

INVITATION   217
    Plans des églises du Québec   218
    Style architectural des églises du Québec   219